战 后 日 本 的 悲 剧
何为"成田"

[日]宇泽弘文—— 著
陈多友 李星——— 译
杨晓辉——— 审订

Simplified Chinese Copyright © 2019 by SDX Joint Publishing Company.
All Rights Reserved.
本作品简体中文版权由生活·读书·新知三联书店所有。
未经许可，不得翻印。

图书在版编目（CIP）数据

何为"成田"：战后日本的悲剧／（日）宇泽弘文著；陈多友，李星译．—北京：生活·读书·新知三联书店，2019.1
（世界）
ISBN 978-7-108-06361-8

Ⅰ.①何… Ⅱ.①宇… ②陈… ③李… Ⅲ.①社会运动－研究－日本 Ⅳ.① D731.39

中国版本图书馆 CIP 数据核字（2018）第 145301 号

"NARITA" TOWA NANIKA:SENGO NIHON NO HIGEKI
by Hirofumi Uzawa
© 1992,2014 by Uzawa Kokusai Gakkan
First published 1992 by Iwanami Shoten, Publishers, Tokyo.
This simplified Chinese edition published 2019
by SDX Joint Publishing Company, Beijing
by arrangement with the proprietor c/o Iwanami Shoten, Publishers, Tokyo

责任编辑　叶　彤
装帧设计　薛　宇　朴　实　张　红
责任印制　徐　方
出版发行　生活·讀書·新知三联书店
　　　　　（北京市东城区美术馆东街 22 号 100010）
网　　址　www.sdxjpc.com
图　　字　01-2015-5806
经　　销　新华书店
印　　刷　河北鹏润印刷有限公司
版　　次　2019 年 1 月北京第 1 版
　　　　　2019 年 1 月北京第 1 次印刷
开　　本　635 毫米×965 毫米　1/16　印张 12.25
字　　数　142 千字
印　　数　0,001－8,000 册
定　　价　42.00 元

（印装查询：01064002715；邮购查询：01084010542）

目 录

写在前面 · I
序 · 5

第一章 机场的社会成本 · 001
  成田机场问题的严重性与深刻性 · 001
  解决问题的前提条件 · 002
  成田机场的社会性缺陷 · 004
  何为机场 · 008
  对社会文化环境的破坏 · 011
  应该讨论什么样的问题 · 013
  对国民的责任 · 017

第二章 成田斗争的轨迹（1） · 021
  参加"公开研讨会"的愿望 · 022
  完成二期工程的压力 · 025
  "野游之歌" · 027
  关于地域振兴联络协议会的问题 · 034

"隅谷调查团" · 038

运输大臣的声明 · 041

第三章　成田斗争的轨迹（2）· 046

成田机场的地理位置 · 047

为什么选择成田 · 049

1966年7月4日，内阁会议的决定 · 053

反对者同盟的动向 · 056

建设大臣颁布的项目认定公告 · 058

首次强制代执行 · 063

第四章　成田斗争的轨迹（3）· 070

第二次强制代执行 · 070

三里塚东峰十字路审判 · 073

三宫文男之死 · 074

成田机场的通航 · 076

《岛·加藤备忘录》事件 · 079

《岛·加藤备忘录》路线为什么失败 · 088

第五章　成田斗争的轨迹（4）· 091

小川嘉吉先生的斗争 · 091

两个重要问题的提出 · 094

横堀墓地审判 · 098

对基本人权的侵害 · 100

青年行动队的现状 · 102

"袋装小组" · 103

佐山忠先生 · 105

　　　　为了保护人的尊严·107

第六章　成田斗争的轨迹（5）·112

　　　　致Q先生的信·112

　　　　公开研讨会在即·123

　　　　成田斗争的本质·129

第七章　以德政革新·134

　　　　以德政革新·134

尾声·152

成田年表·156

译后记·168

　　　　1. 事件概述·168

　　　　2. 历史经过·169

译者简介·180

写在前面

距内阁会议决定将新东京国际机场选址定于成田地区，时间已经过去 25 个年头了。其间，爆发了激烈的以反对建设三里塚和芝山联合机场为宗旨的反对者同盟运动。成田机场的建设因此受到了严重的阻挠，直到如今，也仅仅完成当初规划的一半规模的基建工程。如此大型的机场，仅有一条跑道，的确算得上一道奇观。换言之，号称世界上规模最大的成田机场，其建设工程持续性地处于异常状态之中。然而，成田机场的问题并不单单停留在如此物理性维度的不足之上，在社会性、政治性方面存在着更为严重的问题。成田机场周围戒备森严，围满了一层又一层铁丝网，而且经常有多达千人的警察机动队把守，呈现出一种拱卫重点要塞之态势。生活在机场周边的居民、农户，要强忍无法抗拒的噪声与震动的煎熬，还要经常面对因警察机动队的盘查、询问而造成的困窘，他们身为市民的最基本权利都受到了莫大的侵害。更有甚者，体制方与公团法人乘机场建设之机，大肆破坏周边地区的社会、经济、自然生态之平衡，造成了令人惨不忍睹的荒废景象。

成田机场及其周边管辖范围内的荒废程度，不仅对日本来说难以接受，甚至对世界上大多数国家的民众来说，都是无法直视的。日本一直引以为傲的经济发展水平，以及战后一直贯彻至今的和平国家理念，在这场"成田"荒废闹剧中都化为乌有。

"成田"的如此惨况，完全归因于至今为止日本政府及运输省的种种非民主主义、权力主义的行径。从内阁会议上做出新东京国际机场选址于三里塚的决定开始，政府及新东京国际机场公团法人便强行着手测量、强行执行拆迁，其间发生的林林总总的强权暴力性行为所造成的恶果就是无尽的牺牲、惨痛的代价以及难以疗救的伤害。现在，无论是在机场规划建设区域还是周边地区，当地的人们仍处在水深火热之中，其本应受到宪法保障的最基本人权都遭到无情的侵犯。

"成田"向我们提出了一个严峻的问题。这是从全国聚集而来的为了支持反抗斗争运动的青年学生、劳动人民所提出的一个共性问题。在1955年以来的政治体制（"55年体制"）规训下，有一股势力试图大力迫使既往的和平主义、民主主义政治潮流改道，提出了复辟日本军国主义、专制主义的主张。而"成田"仿佛成为前述这两股相互对立的政治思想潮流正面交锋之地，成田机场问题最后将以什么样的形式收尾，将密切关系到今后日本的国家命运。

"成田"因此具有可称为"昭和起义"意味的历史意义，同时它又成为象征战后日本政治腐败、社会不成熟的最大悲剧之一。

由于一些不为人知的原因，我和"成田"结下了不解之缘。可以说，这一年时间内，我在"成田"问题上几乎倾注了所有的时间、精力和热情。在此期间，我亲密接触了与成田斗争有着直接或者间接关联的人们，特别是青年行动队的队员们。通过与他们接触，我深深被他们身上具有的高贵精神和卓越的政治见识所感动。然而这种高贵的精神,却被彻头彻尾的腐败、低俗精神诋毁着、困扰着。从这种意义上来说,这就是"成田"的悲剧。但是,"成田"的悲剧绝对不能以悲剧结尾。身为隅谷调查团成员的我们,对于一切与成田机场相关的问题,始终怀着不能让"成田"成为悲剧的心情,无论如何,我们都会恪尽职守,坚持不懈地寻找出符合社会正义的解决途径。

在这一年间,我发表了有关"成田"斗争经过的系列专题报告,它们被不间断地分五次在《世界》杂志上以"成田斗争的轨迹"为题作了连载。具体地说,1991年5月28日,运输大臣发表声明称:"为了解决二期工程的土地问题,(政府)明确承诺无论在什么情况下,都不可以使用强制性手段。"据此,我在报告中表达了一种确信:人们能够找到符合社会正义的途径来解决成田机场问题。然而,如此连续作战后来发生了位移:由最初的单纯探寻成田斗争经历,跨越到描写自己关于成田斗争的心情变化上来了。如此转变过程,使得我对"成田"有了自己更加深刻的理解,同时,作为经济专业科班出身的我,凭借职业的眼光,也从中吸取了许多宝贵的经验教训。通过探究成田斗争的经历,我想,自己能够探究出战后日本直面的最大悲剧——"成田"的本质,同时回顾一下自己心情的变化的经历也是很有意义的一件事情。本书中几乎原封不动地收录了这些论文,所以行文中多少可能有一些重复的地方,请读者见谅。

在这一年的工作过程中,我不仅从反对者同盟的人们身上学习到很多东西,同时也从参加援助并最终留在成田、积极扮演反抗斗争有生力量的人们那里学习、了解到很多事情,而且还从他们那里获得了很多宝贵的资料。我要特别感谢岛宽征先生、柳川秀夫先生、石毛博道先生、大塚敦郎先生等人长时间以来的鼎力相助,是他们给我带来了与"成田"结下不解之缘的机遇，使得我更加理解"成田"。还有，佐山忠先生在关于"成田"的思想与哲学背景方面给予了我很多教导。借此机会向他们由衷地表示感谢。

同时，还要向出版社岩波书店的大塚信一先生和山口昭男先生表示谢意。

最后，向三宫文男先生、小泉米女士、东山薰先生等在长达25年的成田斗争中牺牲的人士致敬并为他们祈福。希望本书能够为"成田"问题的解决献上微薄之力。

1992 年 1 月

宇泽弘文

序

　　北总台地的根基是由火山灰经过数十万年堆积而成的关东垆姆层土壤，它化育出优美的自然风光，同时形成了肥沃的农耕地，自古以来养育着过农耕生活的农民，它赋予北总台地自豪与希望。1966年7月4日，这片土地突如其来地遭遇了命运中的转折点：日本政府内阁会议决定，在这里建设新东京国际机场。而且决定是单方面的、强制性的。关于成田机场建设的必要性，事前没有经过专门性、科学性的调查，也没有征得自古以来在这块土地上生活的农民的同意。连这些基本程序都没有履行，（政府）就强行开始了成田机场的建设，至今时间已经过去了四分之一世纪。

　　政府以如此鲁莽的反民主主义决定，在日本经济高速发展之幻想的诱使下，毫无批判性地推进着日本走向重化工化和都市化。这一切皆被正当化，被认为是顺应时代潮流的。因为从根本上就存在着贬低和轻视农业的思想政治潮流，它矮小化农业经营，主张与工业相比，农业的市场价值相对低下，是次要的产业。

　　在过去的25年间，成田地区的农民全力以赴地、持续性地反抗着这种不正当行使国家权力的行为。换言之，就是坚守这块土地，继续过着农民的生活；严厉批判并身体力行抵抗日本经济社会的空洞化与非伦理化。对于这场旷日持久的战斗，日本全国乃至世界多数国家的人民都给予了强有力的支持。政府、公团法人以国家权力为后盾，借助警察机动队的力量，力图强行完成机场建设，但是，他们最终没能达成预期目标，反而被迫放弃强制执行，处境甚为窘迫。成田机场自通航以来，时间已经过去十几年，然而，直到现在它仍然是一个不完整、有缺陷的机场，它不得不在持续进行危险作业的状况下，力图把整个机场建成完备的空中交通要塞。成田机场毫无疑问象征着日本政治性的、社会性的不成熟和缺陷，并向全世界彻底地暴露了日本最可耻的地方。

然而，自成田机场实现部分通航以来，光阴已经飞逝了十余年，机场周围地域的发展日新月异，状况超乎想象。特别是农业的处境发生了显著的变化。这就是出现了日本农业普遍发生危机的征兆。加之机场建设的搅局，如此危机就更加严峻了。特别需要强调的是，对于农民来说，重要的问题在于如何寻找到能够继承农业的人力资源。一方面，苏联戈尔巴乔夫政权开始推行的旨在实现社会重建的改革误入歧途，导致苏联、东欧社会主义各国纷纷变革、解体，这些变局都以完全超乎想象的速度进展着，残酷地冲击着社会主义的信念。另一方面，以越南战争为导火索，美国帝国主义逐步走向崩溃，如此过程渐进演变，最终历经了难以预期的海湾战争的曲折之后，走势越来越混乱。

置身于如此世界性与区域性相结合的大转换、大变革局势当中，我们有理由认为，有必要用发展的眼光来重新构建这场斗争的格局。换言之，就是要把重新构建、发展农民的生活作为焦点，寻求区域社会全面、积极、协调发展。该区域的人们，应该与周边相关市、镇、村的人们共同努力，汇集力量，探索新的发展方向。这样，重新构建这场斗争的格局才能成为可能。

　　成田机场问题，历经了长达25年的岁月，波及日本全国，是"二战"后规模最大的社会性问题。个中历史原委错综复杂，酿成了许多人间悲剧。理性地解决问题的方法，并不是可以信手拈来的。如果你造访过成田，想必你会发现：在这块土地上，人们已经经受了25年的风风雨雨、酷暑严寒的考验，无论是人性方面还是思想方面都坚韧不拔的青年农民，与留在成田参加援助活动的、曾经的年轻人一起，坚强地生活着。在日本农业普遍面临危机的状况下，他们一边致力于恢复成田机场周边的生机，重新激活该地域的农业生计，一边不断探索新的发展道路。我认为，要想从根本上解决成田机场问题，就必须以这些抱有理想主义信念的人们为核心继续把运动推向深入，以实现大家共同的精神与价值诉求。

　　成田机场问题现在已经成为国际性的重要事件之一。尤其需要特别指出的是，日本与美国之间原本就存在着政治、经济上的摩擦，这使得成田问题变得更加严峻。美国政府屡屡向日本政府提出要求，增加美国民航飞机在成田机场中转的班次，以前成田机场皆以客观上存在流量极限为借口加以拒绝，但是，这种拒斥的态度事实上却变得越来越困难。在日本政府内部，也开始出现了反对为完成二期工程而采取强制性手段的声音。如果日本政府因片面重视与美国之间的关系而违背社会伦理，强行征收用于二期工程建设的土地的话，那么，将来无论在国内还是国际上，人们对日本政府都再也无法信赖。日本政府因此所蒙受的损害，势必会远远超出二期工程完工所能带来的好处，二者之间会有云壤之别。从这个角度来说，理性地解决成田机场问题，对于日本社会来说，是极其需要优先考虑的课题。

距第二次世界大战结束，时间已经过去半个世纪。其间，日本的经济、社会在日本悠久历史的长河中发生着显著的变化。"二战"前及"二战"期间，在军国主义强权统治下，人们受困于陈腐的封建制度之枷锁，在经济、文化、学术等一切方面，失去了自由的、人性的发展机遇。"二战"的失败，导致日本军国主义解体，联合国占领军开天辟地般地把日本国民从陈旧的封建制度的桎梏中解救出来，民主主义的政治思想渗透进了日本社会的方方面面。政治制度的改革，经济社会制度的民主化，学校教育、文化制度的现代化，等等，都与战后复兴的过程产生共鸣，极大地改变了日本社会的基本构造。及至20世纪50年代中期，经济发展的各项指标宣告"战后结束了"这一口号的提出是合乎事实的。不仅如此，与此同时，面向新的发展愿景，日本还逐渐完备了经济社会发展的各方面条件。从20世纪50年代中期开始，出现了一个对战后日本经济发展起决定性影响的新因素。那就是，以池田内阁提出"国民所得倍增计划"为契机，而引爆了经济高速发展进程。质言之，就是彻底推进重工业、化学工业的发展，重视日本经济结构各要件的现代化发展，提高国际竞争力。即通过这三个抓手，促进日本社会的快速发展。此后，日本果然实现了长期性、持续性的发展，年均经济增长率超过10%，增速惊人。

日本经济的高速发展，其规模之大，时间跨度之长，恐怕是史无前例的。它给日本社会、文化带来了极大的影响。日本的经济高速发展达到顶峰是在20世纪60年代中期，国民的个人所得达到了前所未有的高水平，能够享受经济增长带来好处的生活条件也日臻完善。然而，撇开国民生产总值、国民所得、工矿业生产指数、进出口贸易额大幅增长等这些市场经济指标不看，当我们把目光转向人们实际生活，从社会性、文化性、人性的角度重新审视现实时，我认为，又不能否定日本的经济社会中依然存在着极为贫困的状况。市场的浮华与实质的、文化的内涵之间存在着严重的背离，而且如此背离在经济高速发展期以及之后的调整期里日益扩大。裂隙如此之大，在某种程度上似乎意味着日本经济的特征。

关于日本经济，其市场的浮华与实质的、文化的内涵之间之所以存在着严重的背离，而且如此背离正以无可把控的态势逐渐蔓延，归根结底是因为，日本的政策决定过程中存在着一种根源性的问题症候群。正是这个原因造成了日本社会经济发展的表里不一。换言之，即其国家权力的行使依然是非民主主义的，时而甚至以专制主义的面目推行。全体国民是社会性共同资本，对他们而言，"至关重要的"公共财产，必须受到国民诚挚的信任与委托，而实施管理、运营。然而，宪法明令的如此要件并没有被体现。这种情况在名为"土地征收使用法"的法典中就有显著的反映，不仅如此，它还直截了当地表现在土地征用的实际操作过程中。如此行使国家权力的行径，显而易见是对市民最基本权利的明知故犯，因此，以反对者同盟为中心的国民们采取了针锋相对的态度，展开了激烈的抵抗、批判。

在土地征用问题上，体制方之所以胆敢无视宪法的条款，强行行使国家权力，其起因在于所谓的"55年体制"[1]。质言之，当年保守

---

[1] "55年体制"指的是日本政坛自1955年出现的一种体制，即长期维持执政党自由民主党与在野党日本社会党的两党政治格局。一般认为该体制结束于1993年。"55年体制"一词最早见于政治学者升味准之辅于1964年发表的论文《1955年の政治体制》(《思想》1964年4月号)。1955年，日本保守势力的各党派和革新势力的各派互相联合，形成了以代表保守势力的自由民主党和代表革新势力的社会党之间保持对立为特征的体制，这一体制，在日本历史上被称为"55年体制"。它在法治上虽然是两党制，实际上是两党制表层下的自民党一党执政的体制。"55年体制"是战后日本政治中的一个重要环节，在"55年体制"下，自民党长期处于执政党地位，牢牢控制了日本的政治经济，从而引导日本走上了一条经济优先的道路，创造了日本奇迹，但是在一党长期专政的情势下，日本的政治经济以及社会的发展最后都走到了一个瓶颈，终于在各方面问题的爆发过程中逐渐显现出不可逆转的颓势。

的政治党派实现了大联合，这对战后日本政治体制结构产生了决定性的影响。所谓"55年体制"，一言以蔽之，就是自民党与日本大型企业粘连在一起，结成了牢固的利益共同体。行政官僚集团，尤其是国家，就像是某种催化剂一样，使得这种粘连更加牢固。这种情况下，大型企业必定会与骨干重工业、化学工业企业联合。不仅如此，包括土木、金融、房地产等所有一切产业，皆以五花八门的形式，依靠政府的介入甚至辅助，通过与政权政党之间的相互依存关系，有效地实现追求利益最大化的资本主义的原本目的。自民党、行政机构以及大型企业之间的结合，其结果是导致日本首次实现了经济高速发展。及至稍后的调整期，日本经济表现抢眼，甚至从国际上来看，都可以说是非常卓越、非常成功的。然而，从文化性、社会性的角度考察的话，日本经济的实质性内容还是极其匮乏的，而且，从伦理的角度来看，日本的经济、社会也隐藏着巨大的缺陷。

"成田"无疑是以最真实的状态表现出了"55年体制"的特征：仅仅为了一部分产业的利益，国家权力就可以无视宪法的明文规定，强制实施基建规划，甚至置巨大的生命财产及社会牺牲于不顾。因此，可以说，"成田"生动地刻画出了战后日本政治的不成熟性。

第一章

机场的社会成本

成田机场问题的严重性与深刻性

　　成田机场问题是战后日本所面临的最深刻的问题之一，其思想、社会、政治意义之重大、之深远是无法估量的。政府轻视农业生计，无视自古以来生活在这片土地上以农民为主体的区域社会居民的最基本的人权，只重视与航空便利、利润、机场建设等相关的权益。面对政府的如此行为，许多人只能表示强烈的愤慨。同时，也有一些人公开反抗这种行为。为了保护人性的尊严，实现日本社会、政治的成熟，他们甚至赌上自己的性命参加抵制运动。他们的义举在国民中引起了强烈的共鸣，获得了广泛的支持。

　　成田机场问题经历了 25 年，现在仍然没有找到一个有效的解决办法。这个问题到底该如何解决，不仅仅关涉于成田机场及周边地区，甚至与整个日本社会将来的发展愿景密切相关。

　　1966 年 7 月 4 日，内阁会议通过了新东京国际机场建设的决议，与此同时，爆发了成田斗争，距今时间已过去半个世纪。如前所述，这个内阁决定是非民主主义的。关于新东京国际机场建设的必要性，没有经过周密的、科学的、经济的调查；事先也没有征得生活在成田这块土地上的以农户为主的居民们的同意，就武断地把新机场的选址定在了成田。

有了内阁会议决定之后，政府、公团法人就开始单方面地规划机场预留土地，并着手征地。对此，以农民为中心的当地居民团结在有识之士的周围，结成了反抗机场建设大同盟，自此，长达25年之久的反对运动拉开了序幕。

反对者同盟是一个庞大的组织，不仅包括居住在机场预留用地规划区内的以农业经营为主的农民，还包括生活在周边地区的以经营农业生计为生的人们。

反对者同盟之所以能够广泛吸纳居住在周边地区的人群，是因为，就像后面将要论述的那样，这是由机场的社会性、经济性、技术性的特点所决定的。但是，政府、公团法人从一开始就把与成田机场建设相关的当事人所涉范围尽可能地缩小，只把与机场建设规划用地有直接关系的土地所有者，或者与该类土地所有者有着直接经济利害关系的族群作为焦点。我想强调的是：成田斗争之所以无论在外延上还是在内涵上都在不断深化、扩大化，其起因主要是由于国家、公团法人对机场所涉社会成本的范围及其规模持有偏见。这一点，将成为探讨如何解决成田问题的重要环节。

解决问题的前提条件

正如前面刚刚谈到的那样，成田机场问题爆发于1966年，它是因内阁会议通过将新东京国际机场选址定于成田的决议而引起的。

政府的这个决定显然是鲁莽、反民主主义的。其背景里存在着一种在当时具有支配地位的政治经济思想。质言之，那就是，贬低与工业相对举的农业生计，认为农业的市场价值等而下之，将其矮小化，并轻视以农业为生计的人群的生活及生活方式。这一点深刻地揭示了一个事实：在实现经济高速发展的幻想驱使之下，极力推进日本走向重工业、化学工业化和都市化，成为当时日本社会发展的时代潮流。

如此价值导向引发了一系列恶果：水俣病、四日市哮喘、骨痛病等公害问题日益蔓延、加剧，这些问题十分棘手，难以找到解决的办法。同时，政府又在盲目推进陆奥小川原、志布志湾等地以至于遍及全国范围的开发计划，而这些举动皆以失败告终。

成田问题以最尖锐的形式具体再现了存在于这些现象中的最根本的日本经济社会的矛盾，用最鲜明的形式表现出了日本社会的病理学特征。换言之，"成田"成了象征日本经济社会所蕴含的一切的矛盾的域场。日本的政治体制，其特征是非民主主义的，日本的经济制度里隐藏着压制性的结构，对此，有着批判性思维的年轻人们，以及对经济高速发展后的政治、思想怀有莫名不安的人们，采取了毅然决然的反抗态度。对他们而言，成田斗争无疑是一个焦点。

再者，尤其值得关注的是，以东京大学校园纷争为起点，迅速波及全国大学校园的反权力斗争，在承受高压与遭到扭曲的过程中艰难进行。对具有强烈政治性倾向的全国各学生组织来说，成田斗争为他们亲身展现自己的思想与主张、相互合作开展运动提供了一个类似罗马大角斗场的平台。这使得成田机场问题变得更为复杂，解决起来更为困难。在20世纪70年代的日本政治思想状况下，成田问题的吊诡，在某种意义上成为历史的必然。

总而言之，成田问题超越了国家、公团法人、县、当地居民等直接当事人的范畴，被卷入日本社会与政治状况的时代潮流之中。这个问题该如何解决，与前述日本的整体状况是密不可分的。

在推进成田机场土地征用规划和机场设施建设过程中，国家、公团法人行使了过多的国家权力，比如说，在各种各样的状况中，哪怕本应是合法的、正当化的事情，一旦落实到成田机场问题中，也绝对会变为不正当的事情。在探索成田问题解决策略的道路上，首先清楚地认识到这一点是非常有必要的。

特别需要指出的是，在国家行使这些权力的过程中，造成了许多不必要的牺牲，还有许多年轻人为了成田斗争甚至奉献了自己的生命。考虑到这些的时候，国家、公团法人的当事人们首先就应该好好反省一番，这也是成田问题得以解决的重要前提条件。

成田机场的社会性缺陷

成田机场问题超越了机场周边区域社会的范畴，不仅演变为关系到日本全国的一个重大问题，甚至与全世界都发生了千丝万缕的联系，对日本在国际上的公信力也有着重要的影响。作为日本重要的国际机场，选址于成田，到底是不是一个明智的选择呢，它关系到成田机场问题的根本所在。这个暂且不说。自成田机场实现部分通航，时间已经过去十多年，在这期间，成田机场在掩盖着其不安定性与危险性的前提下，成了世界上规模最大的机场之一。这些年来，在货物吞吐量上，它占据着世界最大机场的位置；从航班班次和客流量上来看，成田机场的规模在世界上也是屈指可数的。

成田机场位于欧亚大陆最东边，东临广阔的太平洋，具有独特的地理条件，再加上日本经济在国际上的占比较大，该机场的重要性远远超出了机场在规划之际的预想。因此，引起了前述一系列问题。但是，从机场的面积来看，像成田机场这样空间不是很大的国际机场还是罕见的。而从滑行跑道、航站楼以及相关设施，尤其是与货物运输相关的设施等方面的不完备状况来看，像成田机场这般缺陷如此之多的国际机场估计也是为数不多的。

不仅如此，成田机场的缺陷还超越了空间的、物理的层面，在社会、政治层面上面临的局势更加严峻。如今成田机场给人的感觉是，整个机场俨然一个要塞，周围密集地缠绕着结结实实的铁丝网，所有的出入口都有警备人员严加防守；常态化地驻扎着数千名警察机动队警员，严密地监视着机场周边居民的动静；出入机场都要出示身份证。成田机场就这样一直处于反常的状态之中。成田机场虽然在客观上是作为一个机场存在着的，但是在没有征得当地居民同意的情况下，就通航营业，单凭这一点，在社会意义上，就可以算作有缺陷的机场。从经济的角度来看，这样产生并持续累积的社会性成本，已经相当可观。代表着日本形象的国际机场——成田机场，是一个有问题的机场，这一点无疑给日本的国际地位带来了很大的负面影响，这个损失，单单用经济是无法核算清楚的。

造访日本的外国客人，大部分都经由成田机场，成田机场的问题，即便他们事先完全不了解，亲临现场之后，也会有所察觉。不，毋宁说正因为不知不晓，在看到眼前呈现出来的要塞情景时，反而不由得平添一种异样的感觉。日本一向标榜自己的经济于质于量都是世界一流的，政治、社会是和平、协调发展的，并以此为傲。可是，身为日本正大门的成田机场，却被铁丝网和警察机动部队包围得严严实实！面对如此事实，不少人不禁会提出疑问"日本的真实情况到底是什么样的？"，而且，肯定有很多人会发生联想：在经济繁荣的背后，日本隐藏着深刻的社会矛盾，其政治上的民主主义是不成熟的。而事实上，由于存在着这么一个富有喜剧效果的现实，在日本国内占据主导地位的政治家们，一旦到了国际场合，无论他们发表什么言论、提出什么主张，一概会被国际社会所忽视，日本唯有在经济贡献的层面上才会被正面评价。其原因之一就是，日本政府治理与统治能力的欠缺。成田机场的要塞化就是一种象征性表达。连在自己的国家里，都不具备统治能力的政权统治者，其发言是不会有人愿意洗耳恭听的，这是当今国际关系中的一般状况。成田机场的要塞化的的确确象征着日本政治的非民主主义与社会的不成熟，它成为向全世界人民揭露日本社会阴暗面的耻辱柱。

成田机场从物理上来说，是一个不完整、有缺陷的机场，但是，它不得不勉为其难地发挥机场的作用，个中的第一要因，就是受到用地的限制，在只完成了一期工程之后就被迫通航。众所周知，一期工程只有一个滑行跑道，与航站楼相关的设施建设也因受到用地的限制，只得局限在狭小的空间里。正如前面所说的那样，数年来，成田机场在客观条件如此受局限、各种设施不完备的情况下，却运营着世界上最大规模的机场业务，而且几乎在零事故率的状态下，持续经营着，这也堪称一个奇迹。但是，其背后隐藏着从事航空、空港事业相关人士所付出的不可估量的努力与辛酸，同时也不能够忘记，它是付出了给当地居民带来了巨大不安和恐惧的代价的。

成田机场还有另外一个客观条件上的短板不得不提起，那就是其空域的受限制。成田机场的空域位于百里和羽田之间，范围非常狭窄，再加上北总台地多出现强风浓雾天气，其环境的恶劣也是非常有名的，从这一点来说，成田机场的选址是一个制约因素繁多、地理条件极其恶劣的地方。

本来在做新东京国际机场规划之际，应该综合考虑一些特殊因素，例如，首先应考虑清楚，面对横田空域等美军军用空域，日本应该采取什么态度？在此基础之上，要聚焦什么样的规划最适合首都圈的令人期盼的机场空域的问题。之后，才能着手规划选址条件、做规模设计。正如刚刚所述，新东京国际机场在锚定规划方案之际，并没有进行充分的研究讨论。那么，现在，当我们研究成田机场问题的时候，这些因素就显得很有意义和价值了。

以苏联的改革为开端，各社会主义国家都开始了体制改革运动。这一系列的改革运动，瓦解了第二次世界大战后的冷战格局，实现了从欧洲到亚洲，全面结束美国、苏联间军事紧张的局面。在这个潮流中，苏联崩溃过程中戈尔巴乔夫政权的去留问题、以海湾战争为象征的美帝国主义崩溃过程中的混乱等，这些曲折还必须要历经一段时间才能够看出端倪。不过，从长远的角度考虑，苏美之间解除军事紧张是不可否认的历史事实，日本也将在这个过程中发挥其促进作用。从这个观点出发，在制定新时代的国际机场建设规划时，有必要明确提出包括如何处理美国空军所支配的空域范围在内的最合理的空域计划。这一点在考虑如何规划机场建设最合理规模时，也是至关重要的。现在，成田机场的货物吞吐量、客流量都远远超出了原规划时的规模。在推进新的国际机场（乃至国际机场体系）建设之际，我们也必须将焦点聚集在这个问题上。

现在，成田机场的二期建设工程正在快速地进行。世界范围内的军事结构的变化，以及日本国际经济地位的变化，给首都圈内国际机场的定位带来了变化的契机。然而，眼下的这个二期工程完全没有考虑到这些变化。它是在原先以极其特别的形式规划而成的"新东京国际机场"的旧框架之内，按照业已想好的方案，结合一些现实需求，而推进建设计划的。成田机场作为首都圈或者说作为日本正大门的主要国际机场，势必会聚集大量的旅客和货物。然而，伴随着吞吐量的不断增加，人们真的希望机场用地及设施建设毫无节制地扩大吗？这个设问，如果从成田机场的社会性不完备和缺陷的角度来考虑的话，就是一个有着决定意义的、非常重要的问题。为了廓清这个问题，下面让我们试着从一般性立场出发，考察一下机场的社会成本问题吧。

何为机场

什么叫作机场？简单地说就是飞机起飞和降落的地方，它又分为军用机场和民用机场两个范畴，两者分别有着不同的功能。问题在于，毫无疑问，已成为问题焦点的成田机场确实是民用机场，然而我们又未必能够否认它和军用机场之间有着一定的关联。我想把这个重要问题作为研究对象，仔细研究一番。

把机场看作民用机场时，很少有人会对如下看法持有异议：人们为了能够搭乘民航飞机实现有效的移动，民用机场是不可或缺的设施。事实上，笔者十分厌恶坐飞机出行。当然，若是去国外，则另当别论。国内移动的话，除了冲绳之外，去其他地方，我是绝对不会坐飞机的。或许我自己的情形有些特别。但我认为，类似我这样的情况，在现代的日本社会中绝对不是个别情形。飞机是非常有效率且方便的交通工具，在日本，很多人在日常生活中几乎都会乘坐飞机出行，这已经成为一种普遍现象。

我们将话题限定在民用机场问题上继续展开讨论吧。航空运输主要有旅客流动和货物运输两个方面的功能，分别提供不同性质的服务。有时会使用相同的机场，偶尔也会使用相同的飞机，性质比较复杂。归根结底，航空运输中机场是必不可少的。就像船舶的运输一样，港口是非常必要的；铁路运输，火车站也是必不可少的。但是，和铁路、汽车的运输相比，飞机、船舶在运输过程中，出现问题的情况还是相对较少的。

尤其是汽车，其起点和终点存在多样性，一路上会发生各种各样的问题，因此，社会性的成本也会相对较高。汽车的通行，不仅会给居住在道路沿线的人们带来不舒适感和不安全感，同时也会给自然环境和社会环境带来一定的破坏，这些都是不可忽略的社会成本。在日本，产生最大的社会成本的原因之一就是，公路建设之际，在没有充分考虑到可能给周边居民生活带来危害的情况下，便着手公路建设规划与施工。质言之，在因汽车通行所产生的社会成本尚未找准内部解决方案的状态下，汽车就已经普及了。

在将近20年前，我曾尝试推算过东京都地区汽车的社会成本（《汽车的社会成本》，岩波新书）。当时，即便最保守地估算，每辆汽车也要耗费年均200万日元的社会成本。也就是说，在20世纪70年代初，使用汽车的人们一年之中每辆车平均需要缴纳200万日元，只有这样才能将这笔价值不菲的社会成本从内部消化掉。从社会性的角度来看，各种稀有资源的分配要做到效率化、公正化，为此，就要求以汽车的使用为首的一切经济活动所产生的社会成本均要以某种形式加以内部化解决。这与一个社会是否已具备近代市民社会之要件，也有重大的关联。

这一点，就机场而言是极为适用的。机场的社会成本只局限于机场周边的特定区域，只会给少数特定的人群带来一定的危害，从这一点来看，机场的社会成本的内部化，其意义更为重要。因此，当机场的社会成本不能内部化处理，而需转嫁给机场周边的人们时，尽管从全局来看，那只是一少部分人，但必然会引起来自市民阶层的激烈抵抗。同时，成田斗争的历史也验证了一个事实，不平则鸣——这已成为判断近代市民社会成熟度的标准。

所谓机场的社会成本，并不是通过某种方法来估测，伴随着机场建设与经营，机场周边居民所蒙受的损失与危害有多少，也不是仅就相关人员的受损程度作片面的统计。它应该体现的是，在开展机场建设与经营之际，必须事先考虑清楚，为了不使它侵害人们的最基本权利，必须得追加多少投资？必须花费多少经常性费用？按照惯例，这些投资及费用是以名目金额表示出来的。一般包括：征集机场用地的费用，机场及其相关设施的建设费，每年的维护、保养及管理费，等等，可以说它具有超越所谓直接费用甚至私人费用的性质。但是，如果想具体地计算清楚机场的社会成本，那么，无论是从理论的角度还是现实的角度，都是非常困难的。

首先，伴随着机场的使用，出现了这么一个问题，即从噪声和安全性等角度看，应该将当地居民所蒙受的损失与危害限定在何种范围，而且应该如何评判呢？这个问题能够通过设置防噪声设施等手段加以解决吗？

按照如此解决策略的话，就连住宅层面的社会成本的内部化都难以指望，那么，在诸如农地之类的开放性空间中应采取何种对应措施，作为现实问题，则更几乎不可能解决。设定一个最低的不触犯人的基本权利的噪声级别，对于噪声超出这个级别的地区，能够采取的具体的解决对策只有一途：把生活在这里的人们移动到其他的地区。自不待言，这些被迫移动到其他区域生活的人们，当然希望找到一个经济、社会、文化条件相若的地方安家。如果结果果真如此的话，则毋宁说这几乎是种例外。一般情况下，都会移动到经济、社会、文化等条件都不如当下的地方，这就是现实。为了能够取得这些不得不做出不利抉择的人们的谅解，仅仅是金钱方面的补偿还是不够的。而且，更为细致敏感的问题是，农地该如何置换？新的村落共同体能否接受他们？此类问题单单靠金钱方面的补偿，是难以解决的。可见，金钱补助这样的解决办法还是有局限性的。

不仅仅是机场本身的建设会牵扯这个问题，各种各样相关设施的征地与建设也同样会发生社会成本，其数额之大，不容忽视。其中，特别要强调的是，无论是从功能上还是物理上来看，对任何区域社会而言，机场都是一种异己性质的事物，因而无一例外会遭到排斥。港口和火车站对于周边地域来说，一般会带来经济的、文化的活力与繁荣，而机场只会带来噪声、烦嚣、危险、文化的俗恶化等对当地居民来说属于负面性质的事物。尤其是日本的机场，会导致周边土地价格上涨，而且随着土地价格上扬现象日益普遍化，就会破坏周边地区的经济、社会的根基，使得正常的生产活动变得极为困难。这些情况也都适用于其他公共事业，而在成田机场问题上，这种现象表现得尤为深刻。

对社会文化环境的破坏

正如前面所说，成田机场于1978年完成了一期工程，之后，在没有整体竣工的情况下就启用了；而且，在燃料输送及机场交通接驳通道等各种相关设施，特别是与货物运输密切关联的仓库用地等配套设施几乎还没来得及规划的状况下，就开始运营了。二期工程建设更是光景惨淡，在没有征得当地居民同意的情况下，已经征用了部分土地。因此，机场建设区内，设施布局呈现出不规则状态，颇似被虫子蚕食过的物品一般。机场用地周边区域更是混乱不堪。造访成田机场周边的人，恐怕都会对浮现在眼前的基础建设乱象瞠目结舌：五花八门的建筑物，以及各类设施杂乱无章地随处乱建，令人眼花缭乱。

尤其值得注意的是，二期工程建设正式启动的时间，恰好与中曾根政权开始执政的时间重叠。其间，在以东京都市中心为核心的区域内，以投机为动机的交易活动甚嚣尘上，由此，引发土地价格暴涨，致使日本经济、社会发生巨大裂变。如此违背伦理的、反社会性的土地投机逆流，把成田机场周边区域也卷入其中，从资源分配的效率与公正性的角度来看，这造成了极其恶劣的影响。在整个成田区域，文化上出现了一种俗恶的氛围，从前那种以农业生计为核心所创造出来的清冽的社会生活风气日渐销声匿迹。在机场预定用地外围，有人料想这里会建设与货物运输相关的基础设施，于是提前获取了建设用空地，这些空地又大多被闲置，随处可见。于是乎，原本风光秀美的农地，如今已荒无人烟，满目疮痍，看在眼里，令人心痛。

可见，因机场建设而发生的社会成本，有时也会以对周边社会文化环境造成破坏的形式呈现出来，因此，我们绝不允许有人无视这一点而继续开展机场建设。这个问题在成田机场身上表现得尤为激烈，机场整体的规划与建设人为地被打断，被扭曲。因此，在某种意义上我们说，它已成为解决成田机场问题最大的障碍。之所以这么说，是因为较之如何取得机场建设用地，如何划分噪声区域，以及如何对居住在那里的居民予以补偿等问题，社会文化层面所反映出来的各种问题,因其中夹杂的主观因素比较强烈,几乎不太可能达成广泛的社会共识。

推算机场的社会成本能达到何种标的,不可否认,无论是在概念上还是现实层面,都存在着许多困难。达成令所有当事人信服的共识,在此基础之上测算出一个合理的标的,也并非不可能。当然,机场的社会成本,会因机场的规模、功能的不同而不同。毋宁说,决定机场的选址、规模、功能等是规划机场建设方案之际必须认真考虑的选项,如果我们能够就这些维度一一测算出其社会成本的规模,使得机场应发挥的社会功能,与社会成本之间达到平衡状态,然后再进行选址与规模等方面的考量,这就是一个最佳机场的概念。

关于成田机场的二期工程,上述原则是很妥当的。为了使机场二期工程建设给区域社会带来的社会成本得以内部化处理,必须思考为此究竟需要花费多少成本,必须据此拿出有关二期工程建设规模与功能的最佳方案。假如二期工程中产生的社会成本非常多,导致建设费用居高不下的话,那么,立即叫停二期工程建设,重新探索能够取代新东京国际机场大部分功能的新办法也是有必要的。如前所述,这其中就包括要求美国空军归还所支配空域的可能性。

应该讨论什么样的问题

在规划机场规模、选址之际,如果仅仅考虑机场用地征收费用、机场及其相关设施的建设(其中包括配套交通系统)费用、与营业相关的直接或间接的费用等这些属于机场本身所发生的费用,是远远不够的,还要考虑到此前我们业已讨论过的机场的社会成本,即,规划多大的规模?具备什么样的选址条件比较理想?这些问题必须清晰地呈现在规划方案之中。成田机场规划之际，是否全面考虑到这些内容了呢？答案是显而易见的，它并没有全面考虑到这些问题。的确，在成田斗争愈演愈烈，以致危及机场的系统作业的时候，国家、公团法人在应对过程中，在某种程度上也做出了考虑社会成本的姿态，但是由于采取对策时过于功利，并没有对症下药，相反使得从根本上解决成田机场问题变得更加困难了。

在这种意义上，我也想强调一下，为了解决成田机场的问题，最重要的前提是，要清楚地把握成田机场在建设、经营过程中可能会产生的社会成本的真实状况，要深刻了解这些社会成本会以什么样的形式，作为机场的建设、经营费用加以内部化处理。然而，虽然成田机场问题已经延续了 25 年的历程，但是，却迟迟没有有效地解决。在这 25 年间，当事者双方遇到了这样那样的问题，付出了巨大的牺牲，相互间都产生了极大的不信任感。所以，要想从根本上解决问题的话，那么，单单停留在从理论层面上来讨论社会成本内部化处理的话，恐怕就没有指望。关键在于如何解开这些纠缠不清的症结，如何在国家、公团法人与以反抗者联盟为首的当事者之间，创造出一个可以开展有效讨论的理想场所，使得当事者双方能够站在对等的立场上，各自建设性地阐述自己的主张，互相达成谅解，并最终得出一个理性的共识。而且，即便已经创造了这么一个场所，那么，也要考虑清楚，在这个平台上，究竟应该提出什么样的问题，应该从哪些角度进行讨论？

假设前述对话平台已经成立，那么，首先必须考虑的问题是，在前述机场社会成本以内部化的形式核算完毕之际，对于成田机场的建设、经营相关费用究竟会达到什么样的程度，我们是否已经尽可能地进行了科学的估算？此时，对公团法人就噪声区域所持的见解，当事的另一方一定会提出异议的。因为公团法人对于噪声区域范围的设定，实在是过于狭窄了。这个问题在成田机场一期工程建设过程中就已经被明确提出了，可是，到了二期工程环节却更加突出了。尤其是在 C 滑行跑道问题上，关于其使用的前提条件的设计是非常不现实的，而且根据这个前提条件设定的噪声区域（或者甚至不设定噪声区域），也是致使成田机场问题难以解决的又一个巨大的阻碍。

关于机场用地征收价格，在二期工程规划过程中所存在的问题也尤其突出。早在成田机场规划方案向外界公开之际，公团法人就已经公布了征收用地的预定价格。可是，如今的价格是在当时价格的基础上，把一般物价上涨指数考虑进去后核算出来的。而土地价格的上涨幅度，在这一段时间内，远远超出了一般物价上涨指数。经过 25 年的时局变化，如今，两种价位已经无法同日而语了。就像前面所提到的那样，成田机场周边的区域，明显地形成了投机式价格的土地格局。从社会公正原则的角度来看，对作为出于公共目的所使用的土地的征收价格，这个一般性原则，不能够原封不动地予以正当化。原本这个原则自身就完全没有考虑到，土地的征收居然要花上几十年的时间，因此，这一原则就不能适用于成田机场二期工程土地征收这个异常事态。

当初公团法人在公布机场用地征收价格时，其标准设定为所谓市场价格的大约三倍。当重新征收二期工程用地时，仍然按照附近土地价格三倍的标准征收的话，在相反的意义上，是欠缺社会公平公正的。毋宁说应该设定一个与附近价格相匹配的标准。前述的一般性原则实质上是一种根据，是为了防止"软磨硬泡得到好处"的现象的发生。然而，在漫长的成田斗争过程中，我们能够清楚地了解到，拒绝变卖土地的人们无论是谁，都不是那种抱有"会闹的孩子有糖吃"之龌龊念头的市侩人物。从这层意义我们也有理由说，在机场用地征收价格的设定方面，没有人会对按当时市场价格来定价这一做法产生异议吧。

同样，在噪声区域拥有土地的人们，或者在该区域内开展农业或其他经营活动的人们，对待他们，应该按照哪种基准予以补偿呢？这也需要援用相同的方式予以处理。对于这些农民朋友，本来应该按照现在的状况补偿他们条件相同的土地与宅基地，当然，现实中这种做法几乎是无法实现的。因此，要尽可能地为他们找到一个接近现有状况的替代地，至于其中的一些欠缺，则必须按照某种基准，采取措施，予以补偿。但是，一旦遇到具体的案例，如何决定一个正确且恰当的补偿方式还是极其不容易的，处理不当的话，恐怕就会成为阻碍问题解决的一个基本原因。

对于农民朋友来说，即便能够寻找到一个可以维持当下生活的替代地，但能否融入到新的村落共同体里去也是一个问题，这一点是最基本，也是最重要的。在成田，在搬迁到新的生活区域的人群中，有不少人难以顺畅地融入新环境，难以见容于新的村落共同体。这一点，在选择新的生活区域的时候，是绝对不可以忽视的。

同时，我们也要留意一下，对于农民朋友来说，土壤是非常重要的，并不一定是土地。我想指出的是，谈到土壤的时候，与之相关的自然的、人工的条件也是极其重要的。我们不能够单纯地认为，对于这些方面的关注，是前工业社会性质的偏见，或者仅仅是情感方面的偏执，否则，问题的解决将会变得更加困难。实践上，曾经发生过公团法人负责把原地面上的土壤搬运到新的安置地上去的事例。所以我认为，毋宁说常态化实施这种举措则更为理想。

对于在机场用地内拥有土地的农户以及噪声区域内经营农业的农民们来说，替代地的选择，乃至对经济或相关利益的补偿，是必须慎重考虑的问题。当我们思考应采取的措施时，应针对个别农户分别进行独立的协商或谈判，这是土地征收的一般性原则。基本上来说，这个原则应该是可行的。不过，我认为，这种做法应该覆盖面更广泛一些，把居住在周边区域的农户，以及在相关区域从事经营活动的族群、团体，也纳入谈判对象序列，这样做更为理想。尤其是在成田问题上，这种情况更为普遍。

这是因为，成田斗争旷日持久地进行着，在这一漫长的历史进程中，许许多多年轻有为的志士聚集到了成田这块土地上，积极投身于援助以农民阶层为核心的反抗者联盟的运动之中。其间，他们与农民兄弟勠力同心，协同作战，与农户一起生活，分享共同的人生体验。前来支援的这些青年斗士，与广大农民朋友唇齿相依，互补长短，通过协同作业，为日本农业社会的发展探索出了新的希望与发展的可能性，其间涌现出的英雄人物及其英雄事迹数不胜数。或许听起来像是反话，当地农民和前来支援的年轻人联袂为日本农业的未来带来了新希望、新曙光，但是，在国家和公团法人看来，它反而使成田机场问题的解决变得更加困难。但是，如果不越过这个障碍，以寻求达成共识的可能性的话，那么，可以说要想从本质上解决成田机场问题，就是不可能的。

对国民的责任

成田机场问题给周边区域带来了破坏性的影响。农耕地的消失，不只限于机场用地本身或者是被指定为危险区域的地方，其发生范围甚至波及更为广阔的地域。机场还没完全建成就匆忙通航，迅速导致基于投机性或反社会性动机的土地征收异常活跃地开展起来。由于这种因素作祟，支撑农业经营的自然的、社会的基盘，遭到决定性的重创。这种现象不只是局限于成田，可以说给日本大范围内的农业经济都带来了影响。

与机场相关联的各种公共事业都已经开展起来，但是，工作的重心是否都已放在更为有效地提高成田机场的功能上，是否都集中在更为有效地改善当地的社会经济环境上了呢？可以说，这些重要的关切点实际上都被忽视甚至无视了。而且在周边区域，与机场相关的各种服务产业纷纷兴起，乍看之下，似乎给这个区域带来了生机。的确，机场对当地经济产生了极大的促进作用，推动了人才聘用、劳动者就业和劳动所得、经济收入的发展。然而这些非常具体的形态，从原本意义上来看，究竟是不是对当地的经济社会发展做出了贡献？面对这些问题，我们需要进行更深入的调查和研究。毫无疑问，成田机场的存在给当地经济社会带来了决定性的影响；同时，假如周边区域反过来无视机场的存在，它也是难以正常存在的。

就是这样，成田机场周边区域给人留下了这样的印象：域内农业基础崩盘，区域经济发生了戏剧性转变。但是，一旦深入其内部，就会发现一个完全不同的状况正在展开。主导着如此新状况不断演变的是身为反抗者联盟核心成员的农民，以及前来声援他们的青年。后者现在业已定居在这块土地上，与农民朋友们携手并肩，共同奋战至今。他们共同经历了 25 年的风风雨雨，在思想上、人格上都相互分享了共同取得巨大进步的体验。他们能够准确地了解在这块土地上发生的状况，也一直苦苦寻找着新的路径与方向。这些人都已过了不惑之年，也都各自自成一家。他们有着丰厚的人格修养和敏锐的洞察力，在成田斗争的历史进程中不断成长，已经凝聚成为一个坚强的团体。为了寻找新的方向，他们又在朝气蓬勃地启动新的航程。我想，不止笔者一个人，应该有很多人在衷心期待着这些人的抱负和希望能够成为现实，而且期待着成田机场问题借此最终能够获得解决。

如前所述，成田机场问题已经引起了国际社会的广泛关注，不过，在此我还想再补充一点。那就是，日本与美国之间存在着深刻的政治经济问题。美国政府很早之前就向日本政府提出了增加美国民航飞机进入成田机场的班次的要求，对此，日本政府主要以成田机场客观条件上有局限为由拒绝了。但是，来自美国政府的压力越来越大，在现实层面上，一直把成田机场问题作为借口，持续性地拒绝美国的要求，日渐变得不可能。在日本政府内部，开始逐渐形成一种氛围：要采用强制性手段，力图尽早完成成田二期工程建设。

这件事究竟是真是假，对此我并不关心。虽然通过迄今为止日本政府一直采取的追随美国的态度，我们可以推测此事应该是真的，但是，假设日本政府过于重视与美国之间的关系，不惜通过强制性手段来强行征收二期工程建设用地的话，又会导致什么样的后果呢？果真如此的话，到那时，日本各个阶层的民众会对政府产生强烈的不信任感和批判意识，如果再想支持维护现政权，在政治上恐怕就不可能了。

另一方面，美国政府也把日本政府这种行为，定义为反民主主义的专制性行为。除美国之外，世界各国广大的人民对日本也会重新加深印象，会深刻地认识到日本社会的不成熟、政治上的专制主义以及文化上的贫困。这样的认识会严重影响并降低日本在国际上的地位。而且，地位一旦下降，就很难再恢复了。即便恢复，也需要花费很长的时间。这样一来,日本经济社会因此所遭受到的危害,则会远远大于二期工程完成后所带来的直接经济利益,这又给我们提出了一个完全不同层次上的问题。

  我也并非对日本现在的政治状况抱有信任感,只是确信,政权、政党、政府的领导者们,在面对这些近乎不证自明的事情的时候,就其人性资质而言,他们的认识能力,还不至于低下到完全不明事理的程度。

(1991年4月5日)

第二章

成田斗争的轨迹（1）

1991年5月28日，运输大臣发表了一则关于成田机场问题的声明。该声明声称："明确承诺，无论在任何情况下，都不会使用强制性的手段来解决二期工程的土地问题。"这则声明，在长达25年的成田斗争史上确实有着划时代的意义，它创造了一个巨大的转机。虽然它存在着自身的局限性，但是，它在反对者同盟与国家以及公团法人之间，开辟了一条通往直接对话平台的道路，为解决成田机场问题，寻找到了一条符合社会正义的思路。

用一个平面来截圆锥时，根据截法的不同会产生各式各样的曲线或者相对稳定的椭圆形。至今为止，成田机场问题就一直呈现着各式各样的曲线模样。但是，5月28日运输大臣发表声明后，成田机场问题就转换为相对稳定的椭圆形了，或者说是曲线的形态有所收敛了。但是，接下来的收敛过程是关键，怎样做才能够完成收敛呢？目前的状况仍然完全无法预判。然而，不管怎么说，尽管成田机场问题是日本战后面临的规模最大，同时也是最严峻的社会政治问题，但是可以说，如今情况已经进展到最后的阶段，出现了最具决定性的局面，我们有望利用和平的乃至理性的方式解决问题。我希望在如此"曲线"收敛的过程中，本人能够尽可能地站在中间的立场上，以最实事求是的态度追踪具体的动态。成田斗争是有效的，它激起了反对者同盟以及团结在他们周边的人们的斗志，它也能够寻找到一条不伤害国民的基本人权和人的尊严的解决问题的途径。

参加"公开研讨会"的愿望

今年（1991）2月末，有两位运输省的人士来访问我。来访者是20年前，也即我刚回日本不久担任主讲教师的研讨班里的学生，他们受到一位人格上值得信赖而且现在仍然过从甚密的朋友的委托，说是一定要见到我，问我一个问题。这个问题令我感到非常意外，那就是关于成田机场的问题。对方表示，国家和运输省决定不使用强制性手段解决成田机场问题，而是正在举双方之全力寻求和平的解决办法，为此，希望能够得到我的配合。

具体来说，就是县市町村各级行政机构与反对者同盟中的有识之士，一起组织了一个地域振兴联络协议会，该会策划了一次"公开研讨会"，邀请我作为一个"学识经验丰富的人士"参加此次会议，反对者同盟的各位同好也强烈希望我能够参加此次会议。在这次"公开研讨会"上，反对者同盟、国家及公团法人、县市町村行政人员、当地居民，等等，纷纷畅言自己的主张和意见，由"学识经验丰富的人士"组成的团体予以归纳、总结，形成具有社会性的合理化的解决方案，提交有关部门备案。对这个方案，国家、公团法人、县市町村行政部门以及反对者同盟，都必须予以尊重。当时，虽说是反对者同盟也与会了，但是，参加此次研讨会的只限于热田派，而北原派、小川派的成员都没有参加。由于本人对成田机场问题，尤其是最近的动态，还不甚了解，所以当时我完全没有注意到这个问题的重要性。

可以说，除了一些极为私人性质的关系之外，以前我与运输省的人根本没有打过任何交道。所以与其说对运输省的官僚们没有好感，毋宁说对中央政府机关的公务员们，也未必抱有信任感，更何况跟他们合作之类的事压根儿就没有考虑过。然而，当时前来作说明的运输省的官员们，一改我对他们怀有的习惯性预判，为了寻求和平解决成田机场问题的途径，始终以诚实的人性、真挚的态度、明晰的逻辑、缜密的思维、从容不迫的姿态，全力以赴，努力工作，给我留下强烈的印象。还有，隅谷三喜男先生扮演着"学识经验丰富人士"团体的核心角色，这对我也颇具吸引力。然而，成田机场问题已经复杂到了一定的程度，远远超出我们所思考的范围，所以，我理所当然地不会接受他们的合作要求。不过，由于我心中一直挂念着这么一件事情，因此未能立即拒绝他们。

实际上，去年（1990）11月左右，我收到了来自岛宽征、柳川秀夫、石毛博道等的一封非常郑重其事的长信。他们三位都是反对者同盟青年行动队的成员，在成田斗争史上赫赫有名。信中详细地说明了成田斗争的现状，还描述了该机场周边地区的荒废情形与社会对成田斗争的关心日渐风化的事实，以及曾经的青年行动队成员的苦恼，当然还有他们的远大抱负。

同时，信中也希望我能够协助他们一起斗争。但是我不得不拒绝了他们的请求。因为就像前面所说的那样，成田机场问题对我而言，过于深刻，波及面过于广泛，所包含的问题过于困难，像我这样微不足道的普通学者发挥不了什么作用，而且当时刚刚下定决心要全神贯注于多年来的学术研究工作。

2月23日，我拜访了成田机场附近的"树之根"膳宿公寓，见到了反对者同盟的一些成员。这个"树之根"膳宿公寓位于大风车附近，是在1978年11月被强制拆除的"树之根团结小屋"的旧址上重新建造的，这不禁令我想起以前关系非常要好的前田俊彦先生。聚集在这里的人们，都曾经是青年行动队队员和参加过支援活动的学生们。他们在长达25年的成田斗争中坚韧不拔地战斗着，无论在思想上还是人性上都取得了巨大的进步，仍然主导着成田斗争的新局面。这些人都已过不惑之年，在各自的领域中都独占一席之地，但他们始终坚守着刚参加反对运动时的初衷，坚持着以农业为生计的清淡且平静的生活方式。

可以说，从整体来看，日本的农业现在正面临着危机，处于一种被逼迫被威压的状态中。一方面，1961年制定的《农业基本法》似乎颇具象征性，日本的农业政策日渐偏颇，在经济高速发展的过程中这种扭曲事态又不断蔓延，最终导致了农村的相对贫困状态。另一方面，以志布志湾、陆奥小川原等地区的开发项目为代表的农村区域开发计划，进一步加剧了农村、山寨、渔村的穷困化。

成田也不例外。不，毋宁说成田机场建设过程的曲折及其投入使用后作业条件的不完备，使得成田地区的农业成为日本全国最严峻的问题之一。但是，以成田斗争为契机，出于道义和责任感前来支援的年轻人，和当地的农民们融为一体，互相补台，互通有无，协同作业，共同促使该地区农业经济不断扩大外延，同时开辟了日本农业新的发展愿景，也让我们看到了光明的未来。看到了他们如此奋进的身影，我感到，自己不期然地接触到了成田斗争的另外一面。

这具体表现在一个叫"柳川构想"的计划上面。"柳川构想"一词，就成田机场问题而言，也是一个非常重要的概念，关于这一点有机会再详细展开讨论。在此我想要强调的是，艾格尼丝·史沫特莱曾在其著作《伟大的道路》一书中，描写了中国革命人民的敬爱领袖之一朱德的光辉形象。而我们反对者同盟运动的核心人物柳川先生，就是一位与朱德有着相同风貌、人格的领袖。在他的感召之下，成员们以豪迈的姿态行动了，他们揭开了艰苦卓绝的历史序幕，与体制方展开了旷日持久的成田斗争历程，在苦难中找准了足以让农业生计浴火再生的新方向、新目标。在造访"树之根"膳宿公寓的那个晚上，我一边怀着感动，一边耐心地倾听他们的心声，直到东方破晓。

完成二期工程的压力

然而，成田的现状让这些抱负和梦想迟迟难以实现。在仅仅完成一期工程的情况下就匆忙通航，成田机场现在处在一种流量过密、负荷过重的状态之中。从噪声污染开始，机场给周遭环境带来了一系列无法忍受的影响与破坏，周围的居民们强忍着这些莫名的痛苦，身心濒临崩溃。同时，二期工程也在快速进行着，以旅客运输第二航站楼为主体，又增建了一些巨型建筑物。它们的出现让当地的居民感到一种莫名的威压。反对者同盟的成员的住宅和农地就被重重围困在这铁丝网之中，在他们的庭院前就有巨型施工机器，一边发出轰隆隆的噪声一边在施工。直到如今，仍然常态化地驻守着多达数千人的机动警察部队，他们严密地把守着机场及其周边区域。居民们出出入入之际，时时刻刻会面临机动警察部队队员的肆意妄为的随机检查。成田机场以及周边地区，完全呈现出一派军事要塞之地的景象，根本难以进行正常的生活。

而且，在如何完成二期工程建设的问题上，运输省、公团法人受到来自国内外的巨大压力，他们几乎快要被逼到只能通过使用强制征地的手段来展开二期工程的地步了。从聚集在"树之根"小屋的反对者同盟成员的脸上，我可以清楚看到，他们已经做好了与机动警察部队展开最后生死之战的心理准备。

前几日见过面的运输省官员，已明确表示放弃使用强制性手段，以结束对立；同时也要实现二期工程的竣工。但是，我也深切地感受到，面对着满怀强烈斗争意愿的对手，想要放弃强制性手段，恐怕只不过是一个幻想罢了。

运输省急于完成二期工程，有以下几个理由。中曾根政权在二期工程用地征购方案还没有确定的情况下，就强行下令施工。财政当局对其完工时间及可能性表现出了极大不满和批评态度。尤其是，既然规划方案已经将1991年3月设定为成田机场竣工的期限，那么二期工程的完成时间要想拖延下去的话，财政当局对此是持否定态度的。因此，运输省方面面临着艰难的困境，稍有不慎，二期工程的预算就有被停止乃至冻结的危险。还有，为了守卫成田机场及其周边地区，常年需要配备多达数千人的机动警察部队，伴随而来的经济成本，甚至更为巨大的政治的、社会的成本，是无法估量的。因此，来自社会各界的批判声音日渐强烈，对这个不完备机场的诟病不绝于耳。

而且，关于成田机场的扩张与否，美国政府也不断地提出诸多无理要求。对此，日本政府也不可能永远地拒绝下去。"树之根"小屋那次聚首的情形至今记忆犹新，在与反对者同盟的主要成员们彻夜长谈之后，我清楚地意识到，此时此刻紧张的氛围已经占据上风，成田机场问题上笼罩着乌云。这种情况下，政府最终无可避免地要使用强制性手段。当时，聚集在"树之根"小屋里的反对者同盟的人们，以及前来支援的各方人士，都牢记初衷，胸怀斗争到底的信念，表现出了至死不渝的气概。

"野游之歌"

如前所述，成田问题是一个深刻且旷日持久的历史问题。对此，像我这样的人还是有自知之明的，知道自己对于这个问题完全是门外汉，无法直接参与。但是，当考虑到身为当事人的这些人的艰难处境时，当领会到他们所直面的问题在经济、社会、政治各方面所具有的重大意义时，无论是从伦理的角度，还是从自身的思想层面，我都再也无法拒绝他们的请求。我当时产生了一种类似谛观的心情，一定要发扬这些人坚韧不拔、敢于斗争的精神，向国家发出呼吁，敦促当局绝对不对反抗者使用强制性手段，而是采取更为创新的方式解决成田问题。我深信，除了千方百计地全身心投入到这个问题中来，我就无法兑现自己人格上的诚信，就无法坚守自己思想上的身份认同。

出席"公开研讨会"之际，运输省官员委托我以"学识经验丰富人士"的身份发挥调解员的作用，可是我当时脑子里根本没有那种"拿着鸡毛当令箭"的想法。毋宁说，我只是在考虑，该如何倾听反对者同盟各位代表的意见和主张，如何把他们的价值诉求直呈给国家和公团法人。

那段时期，始终萦绕在我心头的是很久之前因一次偶然的机会在前田先生那里看到的石毛博道先生创作的插画集《三里塚》里面的各种美景。打从看到它的第一眼起，那些美景就已深深地烙在我的脑海之中。还有，插画集附录是岛宽征先生创作的《野游之歌》。在此我想表达的是，石毛先生的画与岛先生的文章互为表里，相辅相成。前者是内涵式的展开，后者是外延式的拓展。承蒙岛宽征先生的美意，这里我想引用一部分《野游之歌》的内容。

据传，菅泽一利老者期义战而敢斗之际写下了如下的文字：

> 自德川幕府大政奉还之日起，明治大帝便认识到了羊毛之重要，于是，命时任内务省权助之职的岩山敬意，于木更津港登陆，寻找野草繁茂之地，结果，以取香牧为中心合并四牧，于四千四百町步[1]之处设置牧羊场，任命岩山氏为第一任场长。此后，明治十年间，大帝连续行幸该场，至今在字古込仍屹立着明治天皇行幸纪念碑，以缅怀当时之情形。
>
> 其后，明治二十二年，该场更名为宫内省下总御用牧场，任命新山庄助氏为第一任场长。新山场长旋即自欧美购入大农业组织之农具，致力于奖励产业、改良畜产及充实观光设备。职此之故，及至明治末年，骏马与樱花皆占日本鳌头矣。
>
> 后来，大正天皇亲政年间，为纪念皇纪元二千六百年，作为其中之一项重要活动，将大部分牧场用地开放，以资农民之繁荣所用。把行政移管于印旛郡成田市和富里村，或者香取郡多古

---

[1] 日本以前采用的距离单位。按照日本条里制，1町为60步（6尺为1步）。在丰臣秀吉时代，政府颁布了太阁检地令，规定1町为60间（6尺3寸为1间，后改为6尺为1间）。日本加入《米突公约》后，旋于1891年（明治二十四年），规定1.2千米为11町，1町约为109.09米。1町步约为9920平方米。

町与大荣町，足见圣上心系民瘼。

　　大正天皇驾崩，今上天皇登基亲政，作为纪念活动之一，为祈祷皇室之隆昌，倾全力保护松竹之植木林数十町步。然，大东亚战争之结果，使如此愿望化为泡影，为使自世界各国撤回之归侨有所归依，昭和二十三年开放数百町步于民，故，仅余下四百四十町步，云云……

　　就是这样，菅泽老者叙说了御用牧场变迁的原委，把"明治大帝发祥之地"转移到其他地方，是宫内厅官员屈从于政府压力而导致的结果。于是，他主张："将如此有缘由、有历史的牧场变为机场，是难以忍受的。"所以，为了阻止新机场的建设，他开始行动了。

　　战后不久，为了开垦皇室领地之一角，垦荒者们曾被集体移居到了破旧的马厩里生活。对于像菅泽老者一样的原垦荒者的子孙们来说，他们深信，从古至今自己是在"明治大帝发祥之地"的呵护下，在古老的精神的熏陶下成长着的。当我接触到他们的言行之际，虽然难以陡生怀古之幽思，但还是会莫名地被他们深藏于内心深处的气魄所打动，隐隐约约还能够感受到他对未来的憧憬与希望。

　　在长达七十余年的生涯中，除了近年来的"农业机械化时代"之外，农户们仅仅靠养殖几种家畜和使用几种用了好久的农具，就支撑了一个家族乃至一个村落的生活。这就是日积月累的劳动岁月的写照。

　　当初，菅泽老者看到那些没精打采地"一"字排开的机动警察部队队员时，替天行道的义愤感便油然而生，于是对对方破口大骂："你们这帮家伙！这么混账，还算是老百姓的儿子吗！？"说着，还用长柄粪勺向他们乱泼粪便。他被关进了拘留所后，仍然不依不饶，并像之前公开声称的那样，拒绝一切施舍的东西并绝食。

他那酣畅淋漓却又近乎哀伤般的愤怒一瞬间爆发出来，给我们以空明澄澈的震撼。

踏着原野上的冰霜，手中紧握一根拐杖，腰间系着饭团，从日出到深夜，他对每一个相遇的乡亲都待之以礼，劝他们起来抗争，这样就逐渐建立了组织。他的举止仿佛一阵清风向我扑面而来，掠过我的心际，引发我无限感慨。不久，我对菅泽老者以及与他同时代的有识之士有了更深刻的了解，开始心驰神往于他们经过不懈努力所创造的世界了。宫内厅的官员"虽然口头上信誓旦旦地说，在用地内哪怕只有一个农民出来反对的话，就不允许政府、公团法人向牧场内迈进一步"，可是，后来他们竟然自食其言了。就在这个时候，菅泽老者凭借着与生俱来的侠肝义胆，暗暗地下定了决心，要为正义而战。因为这个与自己同呼吸共命运的世界，这个不折不扣的、精贵绝伦的人世间，开始被轻而易举地打破了。

身携手铐、警棍、盾牌的警察，穿着皮鞋的文明人，以前不曾践踏过这块田地、这片原野。可是，于今重型机械剥去了土地柔软的保护层，追赶着原野、山丘上的动物们，有些动物就喘息于、惨死于文明机器重重的铁轮之下，被埋葬的土壤啜饮着鲜血迎来自己的临终的回光。

结果，"明治大帝发祥之地"，还有我们的土地，以及同样被哺育出来的人民，居然在这块"皇室领地"中被戴上了手铐。

"御料林"、原野等场所，是为了满足皇室以及世界各国使节等政界要人采集蘑菇啦享受打猎乐趣啦等目的而设的。它们的管理自不必说，是由持有官方特别许可证的本地老百姓承担的。他们饲养马、牛、猪、鸡等畜类与家禽，把火腿、羊羔肉糜等送进皇室，虽说住的是公房，其实不就是住在简易的筒子排屋里吗？出征赛马会的纯正血统的马，都有专门的马蹄铁匠为它们打造铁蹄，而铁蹄匠的工资低得可怜，就在几年前，每只蹄子也就顶多700日元吧。

因此，"御用牧场"的存在及其兴荣是以周边农民百姓的劳动和奉献为前提而实现的，"明治大帝发祥之地"从江户时期开始就是由当地居住的百姓们开辟、维护，并一直发展到了现在的。战前与战后开拓者一共迁入三次，因此，宫内省直接管辖的土地面积在逐渐减少，但是，由于顺应时代的需求，在直属管辖范围的周边又配置了人力资源，开发了新区，以前那种以体力劳动为基础的经营方式得以改观，实现了由自然放牧式到欧美大规模机械化农场的质的飞跃。牲畜生产部门主导军队用马和赛马的研究，以及动物医学方面取得的成绩，也是确立并巩固皇家独步赛马界之地位的一个重要原因吧。

日本在第二次世界大战中战败后不久，许多旅居、侨居海外的日本人集中回国，他们面临着极其贫困窘迫的生存问题。每户人家大概也只能分到面积为一町步左右的土地，可是，宫内厅仍然固守着多达四百町步的巨大的牧场地。然而，20年后，说是为了建设新机场，就轻而易举地把这片辽阔的土地拱手相让了。由此，我们觉得，自己已经看透"天皇时代"永恒不变的另一面。

菅泽老者在激战的过程中倒下了，与他并肩作战的同一代老战士们也逐渐减少了。原野边是长长的送行队伍。在墓地的一个角落，数位老人以及同辈的甚至年纪更大的老奶奶们，聚集在一起敲着太鼓念着佛经。前来祭奠的人们给逝去的老人献花，然后相继离去，此时此地，时间仿佛被定格了，唯有野边之歌在经久不息地回响。那场景其实并不像是在吟唱遥遥送别的悲伤之歌，而是像与面对面坐着的人在倾诉，或者是对着要去原野中玩耍的子孙们轻柔地唱着歌谣，它就是这样一个充满柔情的世界。这就是我们在台地边经常看到的送别的场景，聚集而来的老妇人们大多是邻里的寻常老婆婆或者老奶奶，但是，一旦发生战斗，她们的容貌神态俨然就是战士。

我只有在那个时候才会想起自己的祖母。作为开垦者的后代，我们在这个台地上生活了十余年，就在这个时候，祖母在为数不多的亲朋好友带领下，从冲绳来到了这块土地上。记得在我中学时代一个初夏的下午，到了下午三点喝茶的时间，我在麦田中寻找着祖母。突然，听到祖母说话的声音，仔细一听，好像是祖母在和谁说话，然后又变成了悠缓的念经似的调门，又好像是在对着谁唱歌，那声音时断时续的。当我喊了一声祖母之后，她立刻站起来对着我微笑，但是眼中却噙着泪水。

在我 21 岁那年夏末，结束了为期两周的冲绳之旅后，回到家的时候发现家中正在举行葬礼。原来就在我坐船回家的途中，祖母去世了，享年 70 多岁。

祖母的去世暂且不说，我想知道的是，祖母究竟和谁在说话，说了什么话。这个问题一直深深埋藏在我的脑海中，久久不能忘却。在这 10 年间，每当台地周边原野上唱起送别之歌时，我都要全神贯注地倾耳聆听，听着听着，那歌声就会与祖母的自言自语重叠在一起。

野槌[1]是我们肉体凡胎之人无法看到的，他们在充满幻想的原野中自由驰骋着。某一天他们又迎来新的野槌，他们一边听着聚集在一起的老奶奶们唱歌，一边又想起了那令人怀念的野游之歌。

---

[1] 原野的精灵。日本记纪神话中有记载：它是伊弉诺尊和伊弉冉尊的孩子，是草祖，也称作野椎神或草野姬。——译者注

祖母似乎在讲述着野槌的故事：在东海群岛或南美大陆有几个人，他们的子孙、祖辈或者兄弟，不知什么时候就变成了野槌，他们很有可能来到隔壁的房屋、田地里，在这里安居乐业了。她还唠起野槌们新诞生的子孙后代的事情，说许多心酸的事件发生在他们身上，也详细地讲述了初次见到的本土的状况。

回想一下，这10年间，野槌的同伴的确急剧增加了不少。幼年时期，饥饿难耐的时候我们会薅一些草呀什么的来充饥，那广阔的玉米地足以让我们迷失方向；爬到马场栅栏的高高的木桩上疯玩，以致忘记了口袋里已经被压扁了的种苗芋头，那芋头是多么难以下咽啊！还有那一直侵入台地里面的河谷，谷间杂木丛生，俨然成林，这丛林的背风向阳处是那么温暖；也不能够忘记那足以抵挡寒冷的季节风的防风林，林木间的避风地带留下了许多足迹。所有这些，对从事田间劳动的农民自不必说，同样，对野槌们而言，也是最舒适安逸的栖息之地。和土地共生的一切生灵，诸如小动物、毒虫等等，都会死去，都会被放逐。人类也难逃如此宿命。这个世界上总有些自高自大的人，他们戕害土壤，随心所欲地摆弄脚下的土地，而且还轻狂地以为，人类生活在其他的世界里就行了。对待这种人，我们可以不把他们当作人来看。但是，也不能够默不作声，听之任之。瞧，总有绝地还击的那一天！肯定会发生意想不到的事情。你岂能判断出野槌的伙伴们会商量出什么样的办法去跟你斗狠？

看那台地人的生活景象，看那饱受摧残的风景，还有现实中眼看着就要发生的反人类景象的只鳞片爪。驰骋于原野的神明已经发出呐喊，是什么样的货色对之充耳不闻？无论什么样的力量都不可能阻止人类的营生——耕耘、播种、劳动、收获、恋爱、娶妻生子，进而继续创造土壤，遇见更多的人——曾经有谁能够动用权力去阻止过这种生命行为？即便有，最终也不得不作罢。如今原本已经从地面上溃散了的野槌们，又要集结起来了，他们要重新唱起野游之歌，可是居然有人连这都想阻止！他们究竟是谁？

关于地域振兴联络协议会的问题

地域振兴联络协议会是以当地的县市町村各级行政部门与反对者同盟中的有识之士（热田派）为中心而成立的，目的是召开"公开研讨会"，以此寻求和平地解决成田机场问题的途径。地域振兴联络协议会于1990年11月1日召开了成立大会。受邀参加"公开研讨会"的学识经验丰富者团体由以隅谷三喜男教授为首的六位人士组成。隅谷三喜男教授生于1916年，是劳动经济学领域中的权威人士，是多个政府审议会的成员。同时他又是基督徒，所以可以说他代表着日本良心。我之所以接受了来自运输省的邀请，其实原因之一是，听说隅谷三喜男教授将作为核心人物参加，于是，我心动了。

高桥寿夫先生生于1924年，成田机场通航之际，他担任运输省航空局局长，后来又历任海上保安厅长官等职，现任日本空港大楼会长。由于高桥先生担任航空局局长的时候，代表着运输省官僚，所以在成田机场问题上常常被追究责任。然而，实际上高桥先生并不像坊间所诟病的那般不堪。在高桥先生任航空局局长之前，我因个人关系与他结识并一直过从甚密。他是那种罕见的廉洁自律之人，刚直正义。截至成田机场通航之前，他从来没有从事过与航空行政相关的工作。之所以被任命为航空局局长，可能也是因为其修养操守好。高桥先生对成田机场问题发生的前因后果有着强烈的反思意识,他自己也明确表示,这次之所以同意以"学识经验丰富人士"的身份应邀参加"公开研讨会",是因为自己已深切感受到反对者同盟方面的愿望,在成田机场问题上,一定要寻找一个符合社会正义的解决途径。

稍后,原田正纯先生也参加了此次会议,只是后来有些迫不得已的事情,致使他没有坚持到最后。这里简单地介绍一下原田先生。原田先生生于1934年,水俣病问题刚一发生,他便在第一时间深度介入,他致力于水俣病患者的诊断、治疗,几乎奉献出了自己大半生的心血和精力。每一位水俣病患者都十分崇敬他。在与水俣病病魔展开的长期、痛苦的斗争过程中,原田先生从不偏袒任何一个派别或任何一个团体,作为一位脑神经医生,他始终坚守自己的职业精神,坚决贯彻学者的操守。山本雄二郎先生生于1930年,原本就从事与航空行政事务密切相关的新闻记者工作,现任高千穗商科大学教授。还有河宫信郎先生,生于1939年,是金属物理方面的专家,曾就地球环境问题提出过尖锐的建议,现任中京大学教授。

当初我们以为,纵使反对者同盟的大多数人不直接出席"公开研讨会",但是,他们在想法上是已经达成共识的。作为一个"学识经验丰富人士"去参加"公开研讨会",我需要做很多准备工作。首先要尽可能广泛地与反对者同盟的大多数人见面接触,了解成田机场问题的现状,弄清其发生的背景,研究如何解决这个问题。思路理清之后,我便带着少有的热情,精力充沛地开始行动了。

然而,在不断研究成田问题的过程中,我对"公开研讨会"乃至协议会的作用,日渐产生越来越多的疑问。第一,北原派强烈主张,"公开研讨会"是针对反对者同盟的敌对行为,应该予以粉碎。小川派则认为,不必粉碎研讨会,单纯地表明不参加的意思即可。

我感觉，他们的主张具有重要的意义。1991年4月19日，他们对协议会发出的会议通知给出了答复，其中写道：我们得出判断，协议会是"与身为利益权力集团的政府、公团法人相勾结的组织"，它试图"淡化并葬送三里塚斗争的大义"，于是，表示反对参加研讨会，决定全员都不参加。

我想通过各种方法了解小川派如此主张的真正意图，然而最终也没能详细地了解到。但是，对于我来说有一件事非常重要，那就是小川派的各位成员是如何思考的，以及他们是以何种形式来强烈地表达自己诉求的。通过反思，我的想法改变了，即便热田派的大多数人对这次会议抱有很大的期待，并且朝着既定目标努力。但是，作为我个人而言，不可以想当然地以为，自己是来出席协议会主导的"公开研讨会"的成员，更不能以"学识经验丰富人士"自居，冒冒失失，鲁莽行事。我的这个想法与原田先生几乎是一样的。

就协议会的性质本身而言，我认为，由它来召开"公开研讨会"，也未必是合适的。这是因为，协议会具有双重性。一方面，它是本地各类自治体的联合体，属于谋求从行政层面解决成田机场问题的组织；与之相反，其另一面是反对者同盟的热田派，该派别是由扮演主导反抗机场建设斗争的中坚力量角色的人们构成的。尤其值得强调的是，协议会方案的实质性倡导者同时又是推动者石井新二先生，曾经是反对者同盟青年行动队的重要成员之一，属于典型的行动派人物，个性非常强，称他是成田的"屈原"，那的确十分恰当。起初他担任协议会事务局局长，可谓责任重大。虽然当时已经卸下热田派事务局局长的职务，但是，当然没有人会认为他能够保持中立的立场。

然而事实上，事态的进展超越了我的这些畏首畏尾的想法。5

月15日召开了正副会长会议,在会上我们正式被委任为"学识经验丰富人士"参会代表。在那之前的几天,我们与反对者同盟的成员们见了几次面,我们向他们强调,这次协议会形式的"公开研讨会",并不一定能够从本质上解决成田机场问题,相反,恐怕会造成巨大分歧,但至少我本人可以尽可能地站在中间立场上,去寻求从根本上解决成田机场问题的途径。我的主张获得了部分成员的谅解。不过,到了5月14日的大后半夜,或者说是5月15日的黎明,我们终于等到反对者同盟大多数成员的理解。

5月15日的协议会会议上,我再次表明:"自己不能够接受以'学识经验丰富人士'的身份参加此次由协议会主办的研讨会的委任书",同时,我还宣布,前述声明同样适用于已全权委托本人代言的原田正纯先生。我陈述道,本人将独立于协议会之外,基于自己的主体意识,与反对者同盟的每一个派别的每个人士都保持接触,按照各派别各位人士所希望的方式方法,来寻求理性的、和平的解决成田机场问题的途径,提出符合社会正义的解决方案。最终我得到了协议会(地方自治体首长们)的谅解。以隅谷教授为核心的"学识经验丰富人士"都赞同我的主张,至此,多日来压在我心头的一块石头终于落地,我可以喘一口气了。

5月15日,在协议会会议结束之后,我们(隅谷、高桥、山本、我)马上出席了记者招待会,说明了事情的整个经过,介绍了我们是通过哪种形式,参与成田机场问题的。但是到场的各位新闻记者未必正确理解了我们的意图。5月16日,全国各新闻报纸,尤其是面向日本全国发行的报纸所做的报道,似乎都给人以这样的印象:我们几位是同意以"学识经验丰富人士"的身份,参加此次由协议会主办的"公开研讨会"的。对于这些扭曲的报道,我们无数次地向相关新闻报道机构及协议会提出抗议，但是，似乎一经报纸报道的内容，就很难更正，对此，我们切身地感到失望。

"隅谷调查团"

尤其是我，处境非常不妙，反对者同盟中有许多人士甚至怀疑起我的人格与诚信了。为了消除误解与隔阂，我们感到必须澄清事情的性质。事情发生之后不久，我们转变职能，成立了"以厘清成田机场问题之成因，廓清其现状，同时，探寻出符合社会正义的解决途径为目的的调查团"（The commission to Inquire into the causes, the present Status, and Just Solutions of the Narita Airport Problem），并开始发挥自身的作用。该机构名称颇为冗长，之所以这么命名，初衷是让所有的人士都不会误解我们的性质，都能够了解我们的属性。后来，新闻媒体等将我们的机构简称为"隅谷调查团"。所以，在这里我也想使用"隅谷调查团"这个简称。至于本机构的宗旨，在调查团成立之际，我们发表了一个声明，该声明里已经明确阐述，鉴于前述原因，尽管声明内容多少有些冗长，本人仍加以引用，以资读者参考。

> 本调查团以厘清成田机场问题之成因，廓清其现状，同时，探寻出符合社会正义的解决途径为目的。本调查团将与反对者同盟的每一个派别的每个人士都保持接触，按照各派别各位人士所希望的方式、形式，探寻出符合社会正义的解决成田机场问题的策略，将其提交给地域振兴联络协议会、反对者同盟、国家及公团法人、县市村町各级行政机关等各相关团体，并敦促其予以具体实施。

我们在此之前接受了来自地区振兴联络协议会的邀请，以"学识经验丰富人士"的身份参加此次由该机构主办的"公开研讨会"。但是，在那之后，通过接触反对者同盟的一些成员以及当地相关人士，我们认识到，毋如基于中立的立场，与反对者同盟的每位人士都保持接触，按照每位人士所希望的方式、形式，积极地听取各方开陈各自的立场与主张，来寻求理性的、和平的解决成田机场问题的途径，提出符合社会正义的解决方案。在厘清成田机场问题之成因、廓清其现状的基础上，才有可能寻找到符合社会正义的解决途径。我们确信，这也是符合协议会就成田机场问题所怀有的期待的。因此，我们就成立了这个调查团。而且通过与反对者同盟的很多人士、各相关团体、各相关组织的诸多有识之士直接进行接触，我们了解到，他们正强烈地期望能够理性地、和平地解决成田机场问题。而且，我们要补充这么一点：这种期待也是全体国民的共同愿望，这也构成了我们组成调查团的契机。

本调查团决定：以5月28日运输省大臣的声明中所述——"承诺在解决二期工程土地问题之际，无论出现什么状况，都不采用强制性手段"为前提，充分发挥反对者同盟的意愿，竭尽全力，去探寻出解决成田机场问题的途径。

本调查团的成员，拥有不同的职业、专业背景，我们以不同的形式参与了成田机场问题。我们发誓：将超越各自不同的立场，勠力同心，去解决问题。与此同时，我们将不遗余力地支援、配合反对者同盟、国家及公团法人、县市町村各级行政部门等相关各方人士。

平成三年六月十八日

隅谷三喜男　高桥寿夫　宇泽弘文
山本雄二郎　原田正纯　河宫信郎

另一方面，各方对协议会发出的关于参加"公开研讨会"的邀请的反应态度有所不同，正如前面我也已经叙述过的那样：小川派明确说不参加；北原派则说要粉碎这个会议；热田派则于4月9日提出了参加此次"公开研讨会"的五个条件：

1. 协议会要敦促政府、运输省承诺，在解决二期工程土地问题上，无论遇到什么状况都不使用强制性手段。
2. "学识经验丰富人士"参加研讨会的宗旨是，排除强制性手段，解决成田机场问题。
3. 协议会须保证，同盟者与运输省在会议上具有对等的地位。
4. 我们将研讨会定位为相互发表意见并开展讨论的场所。
5. 当研讨会上出现不合理、不恰当的议论时，我们有权在研讨会召开过程中的任何时间点上离会。

然后，热田派在"公开研讨会"上，把自己的主张归纳为四点：

1. 为期25年的机场反对运动的意义。
2. 否定二期规划及批判航空行政。
3. 事业认定处分失效论。
4. 二期规划预留地及其周边区域重新建设计划。

运输大臣的声明

对于热田派提出的要求，5月28日的协议会上都一一做出了回答。对第一项的回答，就是前面说到的5月28日运输大臣声明的内容。声明对热田派提出的要求，连一字一句都没有改动，做出了绝不使用强制性手段的承诺。在这里我想顺便强调一下，运输大臣的声明在此后会具有强大的约束力。然而对于运输大臣声明的具体意义，很多人提出了疑问，所以，我想就此简单地说明一下。

事实上，运输大臣的声明还附有前文，坊间的疑问主要是围绕这个前文是如何成为正文的制约条件而提出的。这一点在今后都具有重要的意义，因此我就全文引用运输省题为"关于对热田派参加研讨会的条件的答复"的回信内容：

> 运输省于平成元年十二月十九日，在内阁会议上表决通过的政府声明中明确地表达了态度：关于机场用地问题，须协商解决。与此同时，对反对者同盟（热田派）此前曾三次提出的公开咨询函做出了答复；而且，对平成二年一月运输大臣与反对者同盟（热田派）会谈之后发表的"声明"，也给予了答复。我们的意愿，正如上述答复所明确表达的那样，就成田机场问题，希望能够通过诚心诚意的协商予以解决。而且，此事在由地域振兴联络协议会于平成二年十二月十七日举行的镇魂祭上，也再次被郑重其事地提出来。
>
> 平成二年一月，各位也曾直接参与了与运输大臣之间的会谈，当时请各位过目的"声明"中也明确地表达了运输省的态度：

"二期工程问题，若能够通过和平的'协商'方式予以解决，那是我们所期望的。"同时，各位也被邀请参加今年四月九日由地域振兴联络协议会主办的关于成田机场问题的"公开研讨会"了，虽然大家提出了参加会议的附加条件，但是，我们充分理解，各位能够积极响应，并表达与会意向，可见大家希望通过和平协商来解决成田机场问题的态度是认真的，所付出的努力是无可估量的。因此，关于热田派所提出的第一项参会条件，运输省充分尊重各位的意愿与诉求，谨答复如下：

附记

谨承诺：为解决二期工程土地问题，无论出现什么状况，绝不采取强制性手段。

运输大臣　村冈兼造

正如以上白纸黑字所记述的那样，"无论出现什么状况，绝不采取强制性手段"，这是政府做出的承诺。虽然它是以热田派所提出的参加"公开研讨会"的附加条件为契机，由政府发出的，但是，其效用并不局限于热田派，对包括北原派、小川派在内的所有反对者同盟都适用。换言之，政府从官方的立场出发，对全体反对者同盟的组织与个人，都做出了承诺：不通过强制性手段征收二期工程用地。

可见，关于成田机场问题，运输省的主张是，对"每一个希望和平解决的人"，这个约定是有效的。但是，如果认认真真仔细研读一下声明的前文就不难发现，"和平解决"这一说法，是1990年1月热田派提出的声明文章中所使用的措辞，后来被加上引号直接使用了。这个引用主要是想强调，判断是否"和平的"，进而决定是否"和平的",其行为主体是反对者同盟,而不是国家及公团法人。

本来,在25年的成田斗争过程中,一直渴望和平解决问题的是反对者同盟,而采用强制性甚至暴力手段的是国家、公团法人,一想到这一点,这个引用的意义就明确了。

正如本章开首记述的那样,运输大臣声明,有望稳定地缓解成田斗争的烈度,它可能会导入一个巨大的转换局面。的确,采取强制性手段,无论是从国内的角度,还是国际视野,对政府而言,在政治上都是不可以操作的选项。而且,既然已经丧失事业认定的法理依据,那么,也就是说,从法律的角度来看,采取强制措施征地,说不定是违法的。

但是,政府采用运输大臣声明的形式,对和平解决成田机场问题予以官方介入,其意义是十分重大的。当然,自不待言,这个声明得以出台,与热田派的当事人们,特别是石井武、石毛博道等人士所付出的坚韧不拔的努力密不可分。同时,我也想高度赞扬运输省的负责人,以及执政党的一些领导人,是他们接地气的政治感觉和掌控大局的判断力发挥了重要作用。

5月28日的运输大臣声明,使成田斗争进入到了一个新的局面,不可否认,我们这几位所谓的"学识经验丰富人士"的立场,已经变得相当微妙了。但是,我们有着相同的问题意识,那就是团结一致,为和平解决成田机场问题共同努力。幸运的是,运输大臣的声明也或多或少为我们打开了解决问题的新途径,就像前面所说的那样,我们的作用已经升华,以至于成立了专门调查团。而且,我们还于6月18日对热田派提出的问题做了如下答复:

我们在此之前接受了来自地区振兴联络协议会的邀请,以"学识经验丰富人士"的身份参加该机构主办的"公开研讨会"。但是，在那之后，通过接触反对者同盟的一些成员以及当地相关人士，我们认识到，不必拘泥于协议会主办的"公开研讨会"这种形式，应该基于中立的立场，与反对者同盟的每位人士都保持接触，按照每位人士所希望的方式、形式，积极地听取各方开陈各自的立场与主张。现在我们确信，在厘清成田机场问题之成因、廓清其现状的基础上，才有可能寻找到符合社会正义的解决途径。

我们决心以 5 月 28 日运输省大臣的声明中所述——"承诺在解决二期工程土地问题之际，无论出现什么状况，都不采用强制性手段"为前提，充分发挥反对者同盟的意愿，竭尽全力，去探寻出解决成田机场问题的途径。如果热田派的人士，希望以公开研讨会的形式探讨问题的话，那么，在具体操作层面，只要我们能够以某种形式出一份力，我们都非常乐意效劳。

接到我们的陈述之后，热田派就向隅谷调查团正式提出了请求，希望将公开研讨会具体落实下去。这个公开研讨会与前述由协议会主办的"公开研讨会"在性质上有着根本性的区别。归根结底，隅谷调查团也只不过是在发挥提供对话与讨论平台的作用。质言之，我们接受了热田派的请求，在国家、公团法人、县市町村各级行政部门与反对者同盟之间，搭建了一个就成田机场问题进行交流的舞台。

怎样评价这个公开研讨会的成果？以什么样的形式来探求和平解决成田机场问题的途径？这是一个有待今后解决的问题。不管怎么说，以运输大臣的声明为契机，成田斗争正在发生巨大的转变，今后它究竟会沿着什么轨迹发展下去，在现阶段还是很难预测的。

不过，根本解决成田机场问题的道路已经敞开，这一点似乎是确定无疑的。

（1991 年 7 月 10 日）

第三章

成田斗争的轨迹（2）

　　我已强调指出，以 5 月 28 日的运输大臣声明为契机，成田机场问题迎来了新局面，历经长达 25 年的岁月后，终于有望就这个问题开辟出一个"符合社会正义"的解决途径了。此前，"符合社会正义的"这个形容词多次被使用，这是从以农民阶层为中心的反对者同盟的理念中衍生出来的，其蕴意为，在不损害任何参与斗争者的人格尊严的前提下，图谋问题的解决。但是，但凡对成田机场问题的现状多少有些了解的人，都不能不对这个"符合社会正义"的解决途径的可能性抱有疑虑。就像许多反对者同盟人士所主张的那样，成田机场问题原本就是由 25 年前内阁会议决议之际"揿错了按钮"所引发的，要想解决成田机场问题，唯一的办法或许就是恢复到原有的样子。为了弄清楚事情的原委，让我们来简单地回顾一下成田机场问题的历史。

成田机场的地理位置

成田机场位于成田市东部，以三里塚为中心，延展到周边的芝山町、多古町，位于北总台地的中心区域。

北总台地位于千叶县的北部，占千叶县总土地面积的四分之一，是一块比较辽阔的区域。它是以历经 30 万年堆积而来的火山灰为基础而形成的。一个叫古津田的谷地像树的枝杈一般伸进台地，造就了一派地势连绵起伏、景色秀美的自然风光。关东垆坶层是火山灰风化后形成的砂状土壤，所以，北总台地自远古以来就化育出了肥沃富饶的农耕地。不过，这个地方的气候条件也十分不稳定。成田这个地名，其由来也有多义性。由于电闪雷鸣现象多，它也被称为"鸣田"；同时，因其盛产稻米，又被称作"熟田"。因此，在这个雷电交加之地"鸣田"里，在这个农业生计兴盛的"熟田"中，有人试图建造机场，这简直是愚蠢之举。没有什么比这更能揭示成田问题的本质了吧？

成田山新胜寺建立于天庆二年（939）。当时为了镇压平将门之乱，僧宽朝从高雄神护寺移来不动明王，这便是该寺院之肇始。有人说成田问题就是平将门的恶灵在作祟，这个说法似乎也不无道理。有不少人可能会发生无限联想吧？就在同一时间段里，三井物产为了建设该公司的办公大楼，擅自把原本位于东京大手町的平将门的首冢给移走了。结果，该公司陆续被卷入了伊朗石油化学工程等灾难之中，蒙受了巨大的损失。

北总台地有着悠久的历史，在成田机场的建设过程中，从三里塚的 55 号遗迹中发掘出了 3 万年前的石器，而且我们了解到早在旧石器时代这里就已经有人类生存了。并且还发现并确认了多达上千处的绳文时代的遗址。直到近世的藩政时代，北总台地被称为佐仓七牧、小金五牧，作为德川幕府直接管理的牧场，一直用于牧马。台地原本是缺水区域，但是因为地下水位比较浅，所以作为农耕地来开发的话，也不是那么困难。然而，在近世长达二百多年的时间里，这块土地几乎被闲置，未被开垦过，其原因可想而知。到了明治时代，以1869年太政官们提出建议为契机，主要从东京府向该地迁入了开垦移民。但是由于土地配置与政府援助等方面的不足，该计划最后还是失败了。在那之后，以附近的地主阶层为中心，本地人开始加大对这块土地开垦的力度，开垦面积不断扩大。加之，从埼玉县缺水台地又迁入了一些农民，在他们的共同努力之下，到了20世纪30年代末，这块土地变成了关东地区屈指可数的花生等农作物的种植基地。

　　1869年，开垦公司成立。政府发包给该公司的土地有小金五牧、佐仓七牧，但其中取香、小间子等地除外。1875年，内务省在取香创建了一个由它直接管辖的牛马牧场。此外，政府也购置了旧开垦地的一部分土地，建立了下总牧羊场。后来，这两个牧场合并成了一个牧场——下总畜牧场。该牧场非常大，面积多达3517町步。1885年，它又被移交给宫内省管辖，1888年升格为下总御用牧场，变为归天皇家直接管理的自有财产。

　　1923年，下总御用牧场将其中的2000町步土地出让给了民间。第二次世界大战后，这种情况仍在继续。1946年，又将其中的1000町步土地无偿地转让给主要是从中国东北地区归来的伪满洲时代的开拓移民。结果，最后御用牧场仅仅剩下429町步土地，范围仅限于三里塚地域了。

下总御用牧场里有日本屈指可数的规模最大的樱花林荫大道。而且，就在与牧场相邻之处，还有一片修竹茂密的林子，这是为了纪念昭和天皇成婚而种植的，面积有数十町步之大。三里塚因此成为千叶县最值得夸耀的美景胜地。

早在明治初期，开垦作业就启动了，但是其历史也并非一帆风顺。"二战"之后的开拓历程，更是困难重重。尤其是土地的贫瘠、水资源的匮乏、地表土壤的流失等等，致使农家的经营迟迟难以进入轨道，农民生活之艰难难以言表。反对者同盟的年长者们，也就这个时期的种种情况进行了这样或那样的描述。在思考成田机场问题之际，可以说，这是其中最为重要的维度之一。

为什么选择成田

新东京国际机场选址于成田，是根据1966年7月4日内阁会议决议做出的决定。这个内阁会议决议，在做出之际，没有就国际机场的必要性、选址条件、规模等进行充分的科学性的专门调查，也没有履行事前征求生活在当地的居民同意的最基本手续，就单方面地决定了新东京国际机场的规模与选址，因此是一个反民主主义的决策。由于这个内阁会议决议，此后长达25年的成田斗争，便如火如荼地展开了，其中蕴含着十分深刻复杂的问题，仅仅用"揿错了按钮"这一字眼，是远远不足以表现其奥妙程度的。

自20世纪50年代末期起，作为东京正大门的羽田机场，拥挤、混乱的情形变得越来越显著，因此就衍生出这么一个热点话题：是扩建羽田机场呢，还是重新再建一个新的国际机场？1931年通航的羽田机场是日本第一个国际机场，当时的面积只有52公顷。第二次世界大战之后，根据占领军的命令，羽田机场以不正常的态势持续性地扩张，最终达到了占地面积407公顷的规模，有三条长度分别为3150米、3000米、2500米的滑行跑道。

及至20世纪60年代，越来越多的人关注到羽田机场的日渐拥挤混乱，于是，在首都圈另选地方重新建一个国际机场的主张日益活跃起来。关于其背景，人们会习惯性地列举扩大民用航空之需这个要素，但是，实际上军事目的基本上是其主要因素。尤其是在美国陷入了越南战争沼泽的过程中，羽田机场变成了美国兵员、武器运输的中转站，其重要性遽然上升，这才是羽田机场越来越拥挤、混乱的主要原因。1967年，美军包租机在羽田机场的起降次数每月平均多达200次。

说起来是我个人层面的事情，我本人也有过亲身体验这种情况的痛苦经历。当时我正在芝加哥大学任教，可是随着越南战争态势的蔓延，我让家人都返回了日本，于是，一年数次往返于日本与芝加哥之间的生活便开始了。然而，从羽田去芝加哥的直飞航班上肯定有黑压压的美国大兵同行。当时正值美军在越南开展堪称种族灭绝式的惨绝人寰的大屠杀之际，同机的每一个美国士兵身上都散发着一种令人毛骨悚然的气息，而且每个班次上平民乘客都少之又少。于是，从日本飞到芝加哥的十几个小时里，我们一直屏住呼吸，强忍着内心的恐惧，打发着分分秒秒。从那时起，直至今日，一坐飞机，我就会想起当年的情景，恐惧感陡然苏生，所以我对坐飞机抱有强烈的厌恶感。

我觉得，有必要留意一下，以羽田机场拥挤混乱为理由，要求新建一个国际机场的主张，是在佐藤政权时代才真正付诸实际行动的。1955年，日本开始进入经济高速发展时期，表面上看来甚是繁荣华丽，然而，在其背面，即当你把目光转向日本社会的实际状况时，你就会发现，日本社会经济各方面的状况、条件日趋不安定。同时，自然的、社会的环境也日益恶劣。再加上，佐藤政权一方面在国内推行专制政治，在思想上实行高压政策；另一方面，在对外事务层面，无论是在军事上还是在经济上，对美国的依赖程度都达到了极致。首都圈新国际机场的建设就是在这样的政治背景下展开的。从规划到具体落实，都是1955年确立的政治体制一手包办的，其实际运作由两条线主导：自民党政权与土木建设产业相勾结，沆瀣一气形成利益链，是为经线；而官僚机构自我膨胀化的法则，又构成了纬线。正是这一经一纬两条线互相交织，构成了新国际机场问题的本质。

关于新国际机场的选址问题，从1963年到1966年，有关方面先后提出了许多种方案，最后被推举为候选地的是霞之浦和富里这两个地方。然而，地质钻探调查的结果显示，霞之浦的地质条件不太适合作为机场选址。因此，1965年11月的内阁会议上内定选址富里。然而，听到风声之后，当地的町村议会立刻就召开会议，做出决议表示反对。而且，还以当地居民为核心，成立了富田八街反对机场建设同盟。及至1966年，反对运动愈演愈烈。对此，自民党也无计可施，只好放弃富里方案。于是，又有人提出了替代方案：要么扩建羽田机场，要么选址木更津。但是，不言而喻，无论哪一种方案，从航空管制的技术角度来看都是不可行的。接着，6月17日就突如其来地出台了三里塚方案。这个方案是由时任自民党副总裁的川岛氏以自民党政调会的斡旋方案的方式向时任县知事友纳氏提出的。三里塚方案所涉及的主要区域，就是下总御用牧场。6月28日，佐藤总理向天皇启奏，希望将下总御用牧场迁移到栃木县高根泽町，腾出的地方用作新国际机场建设用地，天皇同意了他的请求，于是，相关手续顺利地办理下来。

当初若是选择富里地区作为新国际机场建设用地的话，其占地面积大约为2300公顷，可以达到修建5个滑行跑道的规模。可是，现在将选址变更为三里塚地区，其规划面积被缩小到了1060公顷，而且只能修建3个滑行跑道（分别为4000米跑道、2500米跑道以及刮侧风时备用的3000米跑道）。如此大规模地改变原有规划，当局居然没有就其理由做任何说明，让人觉得似乎方案原本就该如此，只是因为三里塚的条件限制，将机场规划规模缩小一些而已。如前所述，三里塚地区有面积超过400公顷的下总御用牧场，还有千叶县政府用地以及高尔夫球场。而且从三里塚到芝山町这个区域，第二次世界大战后迁徙来的开荒农民，在居民中占比非常高。难道对政府而言，这恰是他们选择三里塚方案的有利条件？事实上，友纳知事曾经吐露过诸如此类的意思，三里塚的农民要比富里八街地区的农民"贫穷"一些，所以，征地会容易一些。他的如此腔调也曾引起反对派农民群体的激愤。

三里塚方案决策过程中，还有一个更大的漏洞。那就是被置于美国空军（以及日本航空自卫队）管辖范围下的广大空域应该如何处理的问题。就日本的航空政策而言，这是最为根本性的问题，可是，方案里居然完全没有涉及。毋宁说，佐藤政权所采取的偏重追随美国的政策姿态，给新国际机场的规划、选址造成了巨大的负面影响，以致到今天它仍然是解决成田机场问题的重大障碍。

1966年7月4日，内阁会议的决定

1966年7月4日，政府召开了内阁会议，会上通过了新东京国际机场建于三里塚的决议。从这一刻起，长达25年的成田机场问题便生成了。在此之前，即6月28日，当地居民也召开了举全力反对机场建设的群众大会，并且结成了三里塚机场反对者同盟。紧接着，7月2日，芝山町机场反对者同盟、多古町机场反对者同盟，也分别举行了抗议活动。7月4日，成田市议会也做出了反对在三里塚建设机场的决议。

就是在前述一系列的反对运动如火如荼地开展的过程中，内阁会议于7月4日通过了新东京国际机场建于三里塚的决议，其间，就这件事，政府当局也只是形式上召开了一次面向当地居民的说明会。

关于政府决定选址于三里塚时的姿态，坊间流传着这样一个颇具象征性的逸闻，说的是：7月4日内阁会议的前一天晚上，当时的运输事务次官和农林事务次官之间发生了争执。据说，当运输省提出三里塚这个方案的时候，农林次官就质问运输次官：这个方案是否已经征求当地居民的同意。对于农林次官的提问，运输次官是这样回答的："我们运输省在建设机场时，只接受上面的单方面的决定，农民对于上面的决定应该服从，这是一般原则。而且迄今为止我们也都是用这种方式来建设机场的，从来没有出现过问题。"虽然农林次官反复强调，农林省在推进某件事情之前，都会尊重当地居民的意见，即便不这样，也会争取获得当地居民的理解。然而运输次官却反唇相讥道，机场的建设属于运输省的管辖范围，农林省不

应该参与。这位运输次官后来在战后最大的政治贪污案件"洛克希德事件"中受到牵连,被判有罪。这个逸闻象征性地反映出了成田机场问题的性质。

据说,就成田机场问题,运输省与农林水产省之间的争论一直持续到今天。这个小插曲是真是假我并不关心,像这样的小插曲在运输省与其他省厅之间也同样存在。因此,运输省在成田机场问题上的立场变得更为复杂,在推进与二期工程相关的事务的过程中,这对运输省的形象也产生了微妙的负面影响。

7月10日,机场计划用地内的三里塚农民和机场噪声区域内的芝山町农民,在开展反对运动过程中产生了共鸣,他们共同采取行动,并结成了"三里塚芝山反对机场建设联合同盟"(反对者同盟),户村一作氏担任委员长。关于以这个反对者同盟为中心展开的成田斗争史,坊间已经有许多证词和文献公之于众,在此我没有什么需要补充的了,不过,今后我要把焦点对准这些文献、证词与公开研讨会上反对者同盟所提出的主张之间的关联,严谨地记述其中的前因后果。

7月20日,芝山町议会也采纳了反对成田机场建设的决议,第二天,反对者同盟举行了针对成田市政府的抗议活动。

就在反对运动日渐高涨的过程中,7月30日政府宣布新东京国际机场建设公团法人正式成立。当局要求该机构,务必在总裁成田努、副总裁今井荣文的领导下,积极推进成田机场建设,最关键的是要做好机场建设用地的征购工作。

公团法人在9月12日正式决定机场建设用地征购价格为"旱地每一反步[1]60万至110万日元"。与此同时,他们还与农民进行个别

---

[1] 日本传统的土地面积计量单位。1反步相当于10公亩,即我国的1.5市亩,等于1000平方米。

接触，积极推进土地的散户交易工作。在这个过程中，也有个别当地市町村行政部门召开议员会议，做出同意机场建设的决议。9月8日，芝山町的131位条件赞成派的农民聚集在一起，发起了"成田机场对策部落协议会"。进而，在9月19日，成田市的24位农民发起了"成田国际机场条件斗争联盟"，他们一面向县政府请愿，一面却又同公团法人就土地征购价格讨价还价。

　　另一方面，反对者同盟还获得了以共产党、社会党等政党、劳动工会为代表的众多后援团体的配合，积极地把反对运动引向深入。尤其是在10月2日，反对者同盟召集4000名代表，举办了声势浩大的"撤销三里塚新国际机场、打击公团法人全体大会"。会上，发表了大会宣言，该宣言至今日依然是反对运动必须遵守的基本原则。"我们不向一切困难和非法镇压屈服，一直斗争下去，直到政府、县、公团法人放弃机场建设为止。"11月16日，千叶地方佐仓简易裁判所对"买一坪运动"[1]做出合法裁定，该裁定认可伴随群体共有登记的即决和解手续，以此为契机，反对者同盟谋求进一步在全国范围内扩大"买一坪运动"的影响面。11月29日举行的"买一坪运动"用地的打桩作业现场，聚集了1000余名反对者同盟人士，他们迎来了社会党领袖佐佐木委员长与自己共同见证这一时刻。12月16日，反对者同盟在成田市天神峰石桥政次副委员长处建立了当地斗争本部团结小屋。自此以后，截至第二年，反对者同盟以驹井野团结小屋为中心，又建成了若干个团结小屋。

---

[1] 三里塚斗争期间，为了防止当局以散户交易的方式对土地所有者各个击破，以获取成田机场建设用地。反对者同盟发出倡议，号召所有土地所有者将土地切块细分，交互购买对方一坪土地，以加大当局征购机场建设用地的难度，这样就可以维护反对运动的大团结，也最大限度地保护了土地所有者的利益。

反对者同盟的动向

到了 1967 年,条件赞成派和公团法人之间就用地征购进行了多次商谈,同时,公团法人及县农业开发公社主导的测量活动也开始火热地进行。

3 月 29 日,随着第一笔土地买卖的成交,第一份土地征购完毕的合同由买卖双方签署,买方向卖方,即富里村的 82 位居民,支付了 71 町步的土地出让款项,计 1.45 亿日元。这是第一笔支付款,实际上的支付总额为 5.3 亿日元。

6 月 26 日,运输大臣大桥氏打算访问成田,可是,刚到达成田火车站,他就被反对者同盟的民众们围堵住了。机动警察部队向车站投入了 300 人的警力,试图驱散反对者同盟队伍。在此之前,具体说,即 5 月 28 日,由共产党领导的"反对扩建砂川基地同盟"的成员,也造访了成田,与当地反抗运动团体一起举行集会。不过,后来,在共产党与社会党之间,围绕领导权问题出现的分歧与争执日益公开化。

8 月 10 日,"成田机场对策部落协议会",略称"部落协"的理事会,接受了知事出面斡旋,同意买方进入现场开展测量,为此,双方还举行了"手打式"[1]。

8 月 16 日,我从户村委员长那里清楚地了解到,反对者同盟的代表与"三派系全学连"的代表举行了首次会谈。同时,户村委员长重申了运动的基本方针,那就是要"与所有民主势力团结起来,

---

[1] 为庆祝和解、成交或某方面所取得的成就而举行的仪式。日本人的做法是,由师长引领,与会者一起合着拍子拍手。

共同斗争"。他也暗示，出于自我防卫的立场，将不得不改变至今为止所采用的"无抵抗的抵抗"路线。

8月19日，公团法人向县知事递交了要求进场测量机场用地的通知书。21日，知事在县官方报纸号外上公布了此事。随后，公团法人就发布公告，声称该公团法人已经取得在1967年8月28日至1968年3月31日期间，实施机场用地外围测量的"法律依据"。

收到这个公告后，反对者同盟高举着"坚决阻止进场测量"的标语，展开了形形色色的反对运动。比如，连日有50人在县知事家门口静坐；设立了当地反对斗争本部；组建了当地巡逻队。

9月15日，以"粉碎三里塚机场"为主题的大型集会在三里塚公园举行，包括100名"三派系全学连"成员在内，一共集结3000人。而且，在集会人群中，50人规模的"明治行动队"首次亮相。这个"明治行动队"后来变成了"老人行动队"，队长就是前面介绍过的老者菅泽一利先生（当时78岁）。他们主张"为避免流血，应站在最前线去阻止机场建设"，这个队伍共集结了390名队员。

10月2日，成田公团法人总裁以外围测量迟缓为由被迫辞职，这更加助长了反对者同盟开展阻止测量运动的热情。

10月10日，反对者同盟1500人分散在6个地方布下了阻止线。与此同时，公团法人则投入了2000人规模的机动警察部队，试图强行进行外围测量。他们在三个地方埋下铁桩并用混凝土加固。但是，10月12日，有两处测量桩被拔出。10月16日，公团法人试图进行一个测量桩的复原施工，其间500名反对者同盟成员与90名警察发生了群斗，反对者同盟中有人受了重伤。在那之后，阻止外围测量、追究警察暴力行为责任的反抗活动越来越激烈，在这个过程中，有若干人遭到逮捕。

就在这个节骨眼上，日本共产党与反对者同盟之间原本存在着的对立关系日渐加剧。11月3日，以反对者同盟为中心，举行了一次严厉批判日本共产党路线及其行为的集会。以这次集会为契机，反对者同盟所属的所有农民成员，都准备对日本共产党展开全面的思想斗争。结果，日本共产党被"敲打出"成田。随后，代之而起的是日本社会党。一段时间里，该党积极采取支援行动。特别值得一提的是，他们不辞辛劳，站在反对者同盟与运输省、县政府之间，努力地做着斡旋工作。但是，反对者同盟与社会党之间，也存在着战术层面的对立，而且这种对立日益尖锐。所以，最终社会党也不得不撤出成田。

反对者同盟与日本共产党、日本社会党之间之所以产生对立，其直接起因在于"三派系全学连"与反对者同盟之间的关系，因为这二者之间已经结成牢不可破的协同作战的友谊。

建设大臣颁布的项目认定公告

1968年以来，反对机场建设的运动不断高涨，因此，公团法人征购机场用地的进程大幅度减缓。原本计划，到1967年年末用地征购数量应该完成70%，然而到1968年3月31日，也只完成了5%。原定3月中旬进行的项目认定工作，也因此大幅推迟。于是，公团法人改变了战术，积极推进用地征购工作。

虽然条件派农民在陆陆续续地接受当局进场测量与勘察，但是，反对者同盟的阻止活动也在逐步升级。公团法人与机动警察部队抱成一团，共同压制着反对者同盟的活动。当时的状况几乎等同于当局下达了戒严令，一种不祥的氛围笼罩着成田地区。警察采取了戒备森严的巡逻机制，在每个重要位置见到行人，都要盘问其身份、职务，强制性拍照留底，令其出示驾驶证、居民注册证等证件，呈现出一派专制主义国家的景象。这种状态一直持续了25年，至今依然没有丝毫变化。

公团法人、机动警察部队，与反对者同盟、援助党派之间的对立愈演愈烈。机动警察部队动辄行使手中的权力，拘禁、逮捕人如同家常便饭一样。但是，每当发生诸如此类的情况，反对者同盟都会举行抗议活动。

1968年5月至7月，公团法人的"勘察"行动，与反对者同盟作为反制所进行的阻止活动，几乎是连日发生，造成许多人受伤，也有不少人被逮捕。

及至1969年，赞成派农民运动也开始兴起，他们毫不松懈地就土地征购价格、土地置换等方面的问题，与公团法人反复进行了谈判。其中，有73名土地权利人成为股东。他们利用获得的补偿金，成立了注册资本达6000万日元的成田机场警备股份公司。

关于新国际机场用于军事目的的问题，此时也被当作焦点问题提了出来。尤其值得关注的是，4月19日，在众议院内阁委员会议上，运输省航空局局长在答辩时陈述说，无法拒绝美国军用飞机使用新机场，这句话引出了问题。同年7月12日，佐藤首相在记者招待会上也谈到，"想极力限制"新机场被用于军事目的。

8月17日，三里塚御用牧场举行闭场仪式。反对者同盟青年行动队的数名成员突然冲入仪式现场，搅乱了这个活动。三里塚御用牧场虽然已经定下来要迁至栃木县高根泽，但是，就在准备正式启动采伐作业之前，9月8日，又有7名（外加反对者同盟成员1人）青年行动队队员冲入闭场式现场。警察机动部队出动300人的警力予以抓捕。其中，青年行动队队长萩原被全国通缉。针对这些不正当的逮捕行为，民众展开了激烈的抗议，他们高喊着要阻止机场建设。

在如此动荡的状况下，9月13日公团法人依据《土地征收使用法》向建设大臣提出了事业认定申请。这里的"事业认定"概念，在土地征购维度上能够发挥基本的作用。同时，在了解成田机场问题的过程中，它也具有重要意义。因此，我想在此简单说明一下。

《土地征收使用法》的目的在于，"就作为公共事业的工程项目所需的土地等资源的征收使用或者使用，在其要件、手续及其效果，以及与之伴生的损失补偿等方面予以规定，调整公共利益的增进与私有财产之间的矛盾，以此促进国土资源适当且合理地利用"（第1条）。

在成田机场的这件事情上，首先必须作为问题来看待的是，新机场究竟在何种意义上有助于增进"公共利益"？这是个根本性的问题。正如前面所简要叙述的那样，新东京国际机场的选址及其规模，其成形的历史过程已经明确地昭示世人，我们难以指望通过成田机场的建设去增进"公共利益"的发展。毋宁说，它反而很有可能阻碍"公共利益"的顺利实现，这里存在着风险疑虑。

《土地征收使用法》还详细规定了如下事项：与土地的征收使用、物件使用相关的手续；创业者所做的土地、物件的调查；裁决申请书及转让裁决申请书的制作；以及征收使用委员会的审理裁决。

就成田机场而言，其创业者是新东京国际机场公团法人，一旦创业者向建设大臣提交事业认定申请，建设大臣将就以下四个条件是否满足进行审查以决定是否认定该事业。这四个条件分别是：一、事业要满足《土地征收使用法》中的第3条规定（土地征收使用或者使用，必须是与公共利益相关的事业）；二、创业者对于该事业的执行与开展有着充分的意识和能力；三、事业规划必须有助于土地资源的正当且合理利用；四、土地的征收使用或者使用是在公益上有需要的情况下实行的。这几个条件看上去都条条在理，颇具深意。但是，一旦出了问题，它们大多数情况下其实就是一个同义词的重复罢了。

公团法人向建设大臣提出事业认定申请是在 1969 年 9 月 13 日，走了一下形式上的审查程序之后，当年的 12 月 16 日，建设大臣就发布了事业认定公告。顺便提一下，起初，成田机场的用地面积有 1065 町步，其中民有地 670 町步，需搬迁居民 250 户，而且几乎都是农民。在事业认定公告公布之前，公团法人已经主动出击征购了一部分土地，因此到了公告发布时未征购上来的土地只剩下 122 町步，未搬迁居民数为 30 户。现在（1999 年 8 月）未征购土地面积是 21.3 町步。

事业认定公告一发出，那些已经成为标的的土地所有者就只能做出两种选择：要么将土地自愿卖给公团法人，要么接受当局强制征购的行为。《土地征收使用法》规定，事业认定公告一经公布，就发生 15 年的效力。其主要内容包括：关系人范围的限制、终止斡旋、创业地示意图的长期纵览、补偿等方面的周知措施、土地及物件的调查权、裁决申请权、补偿金的支付请求、土地价格的固定、损失补偿的限制、创业地范围的规定、收购权发生的起算点等。

公告中对关系人的范围作了限制，因此，不仅不能够把土地卖给别人或者借给别人，而且也不能设定新的地皮使用权、展开新的事业。若要改变土地的形状，或者增盖、重盖房屋，都必须事先取得县知事的许可才行。

还有，土地的价格也已被固定，买方只认可按照一般物价的上涨率对土地价格作相应调整。这些限定，从事业认定完毕之日开始到土地收购结束为止，至多只考虑几年时间内的事情，因为《土地征收使用法》已经做出明文规定。我觉得有必要留意一下，像成田机场这样，历经20年之后，土地的征收使用尚无法进行，仍然处在一种"异常"状态中，对此，事先当局居然根本没有设想到。

事业认定公告一出台，公团法人就取得了对土地、物件进行调查的权限，就有权确定创业地的范围及所有关系，有权进行裁决申请和转让裁决申请。土地征收使用的裁决申请自事业认定公告公布之日起一年内必须执行；物件转让裁决申请必须在四年内进行。裁决申请、物件转让申请如果没有在期限内进行的话，事业认定就宣告失效。

就成田机场而言，其事业认定是在1969年12月16日受理的，而有关获取土地权利的裁决申请却是在1970年3月3日至11月30日期间提出的。该项申请事项计150件，涉及398笔款项，分7次进行。此外，物件转让裁决申请的提出期间是1970年3月3日至1973年11月30日，该项申请事项计150件，涉及338笔款项，分8次进行。

可见，在处理成田机场问题时，无论是裁决申请，还是物件转让申请，形式上公团法人当局都是按照《土地征收使用法》的规定进行的。不过，其中土地、物件的调查是公团法人强制执行的结果。其间发生的是是非非，至今仍然给人造成深刻的影响。

《土地征收使用法》规定，当提出土地征收使用或使用的裁决申请时，征收使用委员会首先应做出启动裁判手续的决定，其次予以审查，最后进行权利获取裁决与转让裁决。然而，征收使用委员会几乎没有什么裁量权，基本上是例行公事般地自动地予以裁决。

在此之前，也即 8 月 27 日，由于受到反对派的强烈抵抗，土地征购大幅度延缓。唯此，运输省接到来自大藏省的指示，要求将一期工程的面积限定在 560 公顷，只修建一条 4000 米长的滑行跑道。于是，运输省将概算要求缩减 600 亿日元，整整比当初的规划规模缩了一半水。然而，公团法人提交的事业认定申请，还是按照当初的规划规模制定标的：3 条滑行跑道、面积 1060 公顷。也就是说，这里面就包含了土地征用方面八字还不见一撇的二期工程部分，公团法人的意图就是将一、二期工程打包进行事业认定。

就一期工程所处区域来看，1970 年 12 月 16 日，依据《土地征收使用法》进行了 6 件征收裁决，所涉款项 6 笔，征地面积 1500 平方米。但是，由于反对运动愈演愈烈，这种情况下，余下的土地，根本没有指望做征收使用裁决。因此，公团法人于 1970 年 11 月 4 日，依据有关取得公共用地的特别措施法，进行了特定公共事业申请。同年 12 月 28 日，该申请获得认定。1971 年 2 月 3 日，公团法人又诉诸特殊手法，提出了紧急裁决申请。1971 年 6 月 12 日，该法人获得了 14 件紧急裁决机会，所涉款项 30 笔，征地面积约 3 万平方米。

首次强制代执行

在这期间，成田机场的反对运动开始向全国范围波及，逐渐呈现燎原之势。各地都在举行各种形式的反对集会。其中，作为斗争现场，成田地区开展了形式多样的阻止强制测量的运动。其间，反对派民众反复与警察机动部队发生冲突，每次都有许多反对者同盟的成员遭到逮捕。特别是，1970 年 9 月 30 日，当局在天神峰执行第三次强制测量，地段多达125处，所涉面积为78公顷。当时，当局派出了370名测量员，以及1000人规模的警察机动部队。对此，反对者同盟以泼洒粪尿等手段顽强抵抗，阻止施工方打桩，结果，数十人被逮捕。

第一次强制代执行发生在1971年2月22日至3月6日期间，第二次是9月6日至20日。面对这两次代执行，反对者同盟中的农民成员以及各支援团体，同仇敌忾，奋力抵抗，甚至跟公团法人、警察机动部队展开了殊死的搏斗。为此，为数甚多的人受伤。其中，特别是在实施第二次代执行时，三名警察不幸身亡。也因此，许多反对者同盟、后援团体的人士被逮捕。不久，历时14年之久的长期审判拉开了序幕，这就是所谓"三里塚东峰十字路审判"。

及至1971年，反对者同盟开始着手做针对性的准备工作，以有效地应对当局的强制代执行。其中，尤其是小川明治先生提出的方案比较新颖。他建议深挖洞，修建地下壕，扼守洞内以阻止代执行行为。方案一提出，就得到呼应。1月5日前后，挖洞作业就开始了。看那情形，似乎历史又要重演。越南战争时期，越南解放战线斗士有效地利用挖地洞的手段，打败了美国军队。反对者同盟也开展了地洞攻势。然而，挖地洞虽然在攻击上比较有利，但是在防卫方面就不一定那么有效。但是，农民兄弟反抗强暴的意志是如何强烈，通过这个挖地洞作业，可以如实地反映出来，能够唤起很多人的共鸣。此外，中学生们也行动起来了，以这些孩子为中心组成了少年行动队。他们的活动也足以向世人澄清成田机场问题的本质。在这个意义上，少年行动队发挥了极其有效的作用。

遗憾的是，小川明治先生在第一次代执行前夕去世了。为了悼念小川先生，佐山忠先生写了一篇题目为"白骨的怨念"的文章。

拜启 佐藤荣作阁下

我生前是三里塚芝山联合机场反对者同盟的副委员长小川明治。现在被葬在成田机场航站楼建设预留用地周边的公共墓地里，同时也改名为明觉院斗魂必成居士。

您成为最高领导人之后，便推动机场建设计划，这是非常露骨的弃农、破坏农业的政策。今天我成了它的牺牲品，出师未捷身先死，壮志未酬目难瞑，为此我感到无比的遗憾。回首我自己的一生，不禁凄然，兹匆缀拙文以抒怀耳。

明治四十一年四月一日我出生在芝山町菱田，家中兄弟姐妹8人，在男孩中我排行老二，自幼就勤于家业，一直是青年之模范。由于家里是佃户，有时候便抓些泥鳅卖点钱交学费。

昭和七年志愿入伍，当上海军现役军人，度过了12年零数月的军旅生活。退役时军衔为少尉。

家中兄弟姐妹8人（2女6男）全都参加了大东亚战争[1]。当时我家被誉为"军国荣誉之家"[2]，受到了表彰。

我的长兄小川和一是海军上等下士官，参加过新几内亚战争，复员后过了一年半时间，被关进了巢鸭拘留所[3]，对那个地方，您的兄长、朋友都是非常熟悉的。在那里，他揽起上级官员的行为责任，引咎自决。若把长兄的态度与您的态度做个比较的话，至今我都为长兄感到骄傲。大姐的丈夫也牺牲了，他阵亡于冲绳战役，二姐的丈夫也死于战场，身为老幺的五弟在莱特湾战役中

---

1 当时日本对太平洋战争的称呼，含有我族中心主义意识，应该批判性地分析。
2 当时日本军国主义政权为了动员国民充当对外侵略战争的帮凶和炮灰，欺骗性地编造了一些所谓的名号、荣誉，目的在于麻痹民众。
3 这是一个著名的监狱，战后包括佐藤荣作的兄长等在内的一大批战犯都曾被关押在这里。

丢掉性命。

战争结束后,我和我幸存的兄弟姐妹们回到了家乡,之后被开除公职,流放到这个木根部落来开荒。我们搭建了一个连地基都没下的简易小屋,给它起名叫"仰拜"。我们从外面搬进来一条长凳,在上面铺上被子当作床铺,每天就这么不脱衣服也不洗漱地直接在上面睡觉。每日的生活起居十分单调朴素。粮食也不够吃,一天就合上一升米或者两升,经常食不果腹地出门干活。总之,我们全家过着勉强糊口、没水没电的原始生活。

挖的一口井也因长期干旱而枯竭,有时候甚至要去几百米开外的田地里取水。当时,晚上靠煤油灯照明,连火柴都没有。于是,我们就把木头放入燃烧后的灰烬里,到了第二天再用这些木头生火。就在这种困境下,我们依然是披星戴月地开垦着这块土地。

我率先推进村庄的建设,首先,要让村子里通上电,然后是建消防站和公民馆,最后还盖了神社什么的。生活是如此之艰辛,同时,开荒劳作却又是那么辛苦,活着实属不易。

家里养育着7个孩子,却只得到不足3町步的土地。不过,到如今好歹生活总算是有了点眉目。然而,就在这个时候,当局竟然在没有跟我们本地人商量的情况下,就做出了决定。对我们来说,成田机场来得太突然了。

在那之后,便是暴力性的强权政治恣意肆虐。"不要在这里碍事,赶紧滚开!"强权者就是如此骄横跋扈,赤裸裸地仗势欺人。我们不得不面临危机:自己亲手耕耘的田地被掠夺,宁静的家乡被破坏。自那之后的5年间,我们一直都在与强权政治做斗争,希望以此迫使强权回归到正确的道路上。

可是，你几乎把我们当作国贼来对待了。这种事情开不得半点玩笑！这样下去的话，我死，也死得不能瞑目。我是这种性格的人，只要我心悦诚服了，感到志得意满了，哪怕是拿去打水漂，我也乐意把自己的土地财产全部豁出去。我自己的一生就是这么过来的。

可是，你却只关心美国和有钱人，在你的政治当中，既没有诚信，也不见道德，也没有丝毫的智慧与洞见！

我一直在严肃认真地努力，不辞辛劳，殚精竭虑，面对你以及公团法人之流的虚饰浮夸的花言巧语，我绝对不上当！

生前我就说过："即便把我的这个身子捆绑在柱子上，我也不会动摇！"最后，当我说完"我要开始过洞穴生活了！"，我就断气了。

据说，1月15日，在我的葬礼上，以反对者同盟的同志们为代表的、来自全国各地的700名有识之士，聚集在一起，共同悼念我，此外，还收到了200多封唁电。在我离开之后，在"木之根"，连续三天都发生着战争，两个弟弟阿源和七郎，头上被浇满粪便，仍然冲锋不止。现在墓碑上盖着我生前最爱用的头盔，就在那墓碑的下面，我正在凝望着同志们一往无前的战斗身影。

你若到了这种地步，仍然还在张口闭口发出什么"《土地征收使用法》上规定……"之类的腔调，继续紧追不舍的话，那么，我就让白骨之身泛滥起怨念，跟你再来一次"对决"！我会组织千千万万地狱中的人民同你战斗！我等着你！

顺便再说明一下，法师对我的戒名又进行了修正，在我发愿将自己的生命奉献给开垦事业的10年前，我就考虑过死后要使用这个戒名，请你记准确了，斗魂必成正剑破邪木之根明居士！

　　2月22日开始实施的第一次代执行，当天没有引发特别大的问题。但是，24日发生了几个少年行动队成员被公团法人所属保安队施暴的事件。25日，当局派出3000名警察机动部队的警员驱赶抗议人群，其中一部分警察大量地使用了催泪弹，致使151人受伤，此外，有141人被逮捕。3月2日再次进行代执行，当局出动了2000到3000名机动部队警察，将反对者同盟搭建的营寨一个个地拔除，将地下壕悉数摧毁。尤其令人发指的是，有抗议者将自己用铁链子捆绑在立木上，机动队警员居然也连人带木一起砍倒。

　　第一次代执行，花费了一个月的时间，于3月8日结束。反对者同盟又开始为阻止第二次代执行，而展开了全国性的集会，并着手做其他相关准备。

　　在执笔本章之际参考了许多文献资料。兹择其要者，罗列如下：
　日本地志研究所·青野寿郎/尾留川正平编：《日本地志·第八卷·千叶县、神奈川县》（二宫书店·1967年）
　千叶县食事编辑委员会编：《记录 千叶的食事》（农山渔村文化协会·1989年）
　《坏死的风景——三里塚农民的生命与语言》增订版（原野社同人·1971年）
　朝日日报编辑部编：《三里塚——反权力的最后营寨》（三一书房·1970年）
　朝日日报编辑部编：《斗争的三里塚——从固执到斗志的记录》（三一书房·1971年）
　三里塚芝山联合机场反对者同盟编：《时间的炸弹——成田二期事业认定失效论》（1989年）
　东峰统一被告团编：《看到过权利的人们——为了解三里塚东峰十字路审判而作2》（1985年）

小川嘉吉 / 岛村良助 / 小川喜平 / 加藤俊宣等：《高举死守农地、粉碎机场的旗帜——三里塚芝山联合机场反对者同盟小川派的主张》（"死守农地"小册子发行委员会・1988年）

（1991年8月10日）

第四章

成田斗争的轨迹（3）

第二次强制代执行

第二次强制代执行发生于 1971 年 9 月 16 日至 20 日之间。早在 9 月初，千叶县就公布了关于 9 月 16 日开始实施第二次强制代执行的决议。这次执行的对象为驹井野社会党"买一坪运动"发祥地、天浪团结小屋、木之根团结小屋、驹井野团结小屋，还有小泉米先生的土地及房屋等。

为了反抗强制代执行，守护上述三个团结小屋及相关土地财产，反对者同盟立即行动起来。他们加厚夯实墙体、土垒、路障，补充粮食和武器。同时，据说从全国各地聚集而来的各支援团体的人士也超过了 5000 名。

对此，千叶县知事向县警署总部申请出动警察机动部队。警察厅在以驹井野为中心的天神峰、东峰、天浪等地，配备了包括 2500 名警视厅机动部队警察在内的 5300 余名机动部队警察。警察厅机动部队布防在驹井野地区，而驻守在东峰十字路的警察部队则不是正规的机动部队，他们主要是从神奈川县警署抽调来的261名交通警察，这些人组成了一个大队。

强制代执行就是在这样的态势下，于16日至20日粗暴地实施了。从征用小泉米家的土地、房屋开始，强制征地行动按原计划进行。然而，第二次强制代执行造成的危害是极其巨大的。多达375人被逮捕，150人受伤，其中受重伤的达到14人。尤其是在三里塚东峰十字路，三名警官死亡，这是成田斗争历史上最为惨烈的事件。这个事件也给青年行动队以及支援团体的每位成员带来了沉重打击。自那以后，人们始终被一种沉闷、令人窒息的氛围笼罩着。而且，紧接着时间跨度长达14年的审判拉开序幕，却迟迟得不出结论。从法律角度来说，在没有弄清楚这三名警官致死的细节的情况下，是不能够确定事件当事人的，但反对者同盟或者支援团体中，总得有人最终为这个事件负责。

9月16日凌晨4点前，在芝山町菱田小屋台场汇集了大约700名支援团体成员，他们每人手中都拿着棍棒、竹竿、火焰瓶，朝着驹井野进发。途中，人群到达位于东峰十字路东南方向的县有林地后，暂时停止前行，开始吃早饭。与此同时，神奈川县警堀田大队的261名警察也到达了东峰十字路。他们要想抵达驹井野，无论如何都要突破东峰十字路。于是，支援团体决定分成两支队伍冲击十字路。然而先出发的一支队伍在到达北边道路时，受到布防于十字路的机动部队和一直待守在北边道路上的一支机动部队的夹击。先遣队被"包了饺子"，这是始料未及的。冲突中，三名警官死亡。他们属于驻守在北边道路上的机动部队。

待守在北边道路上的警察机动部队，是由36名警察组成的第一中队第一小队的福岛小分队。他们原本是朝着南边挺进的，可是却鬼使神差地行进到了北边,在那里稍事休整。不料,在离开大部队仅150米的节点上,便与防卫军(支援团体)的先发部队发生了冲突。其间,支援团体的先遣队成员接二连三地从北边道路东侧的竹丛中冲过来,迫使福岛小队向北败退。同时,布控在十字路的警察机动部队大部队,也遭受到先遣队的攻击,败下阵来。旋又遭到自东边向十字路进发的先遣队的攻击,一部分警员向西撤退。结果,截至早上8点左右,处于防卫一方的机动警察部队都撤退到了丹波山。这一系列的暴力冲突,导致福岛小队三名警官死亡,此外,还有许多人受伤。

从北边道路东侧最先冲出来实施攻击的先遣队主力,是一个叫日中的支援组织,事件发生之后,警察就以这些人为目标专门进行了搜捕,可是,成为被告的这些人各自都有不在场的证明,或者无法找到物证以确认其犯罪事实。很明显,大家都是蒙冤的。因此,要想就此事有个了断,还需要花上很多时间和精力。

由于死亡的三名警察都是神奈川县警署的警官,碍于情面,千叶县警署开始了全面搜捕。从1971年12月8日开始实施第一次逮捕起,到第二年的9月6日止,在为期长达9个月的时间内,警方几乎是漫天撒网,不分青红皂白地实施抓捕行动,逮捕了共计122名青年行动队和支援团体的人士。其中,青年行动队几乎全员被逮捕,据说许多人甚至被逮捕了两次。

最终,57人被起诉。普通民众觉得,显而易见,这次审判从一开始就是冤假错案。57人中,有一人在案件审理过程中死亡,有一人精神分裂,余下的55人都成了被告。

三里塚东峰十字路审判

三里塚东峰十字路审判，在各种意义上都暴露出了成田斗争的本质。特别是通过1983年7月27日法庭上的《开篇意见陈述——看到了权利的人们》这一文本，我们能够明白成田斗争的意义，同时也能够管中窥豹，略见一斑地了解参与这场斗争的农民朋友的心情。

该陈述指出，成田机场问题的本质在于"政府完全没有考虑农民与土地之间的密切关系，完全没有考虑从这土地中出生、在这土地上长大的农民的感情"，主张"所谓民主主义就是通过彻底的沟通带来心灵与心灵的交流"。

"（当局）无视这些事实，单方面地把机场选址定在三里塚，致使农民丧失了作为生存基础的大地，他们自身陷入了难以把控的境地。只有当双脚踏踏实实地踏在土地上，农民才有身为百姓的灵魂；相反，假如他们脚下没有了土地，那么这种不吉祥的预感，最坏的场合，会导致农民们精神分裂，甚至人格分裂。"

意见陈述的开篇还通过三个例子，具体地说明了反对斗争给农民群众所带来的精神上的危害。与赞成派之间发生的倾轧与撕裂；在阻止外围测量的运动中，岩山部落的农民麻生良一先生的妻子鹤子女士，因与赞成派之间发生摩擦而被警察踢打成重伤；麻生良一先生本人也因家人、公团法人、银行职员纠缠不休的说服工作，深陷强迫性神经质的苦恼，最后试图喝农药自杀。同为岩山部落农民的内田八郎先生，原本生活在东京地铁站，他与专门为了分得卖地款项而回到家乡的兄弟发生了争执，绝望之际跳进京成线轻轨电车轨道试图自杀，结果身负重伤，不得不截去双腿。还有驹井野部落的岩馆利雄先生，其母亲与身为条件赞成派的父亲之间发生了争执，前者因此抑郁而死；在得知是父亲一手将土地卖给了公团法人之后，他一气之下喝下了大量的农药，企图一死了之，不料没有死成，结果他又用刀把自己砍得遍体鳞伤直至咽气。

这三个事例都是由三里塚机场建设引起的，这也只是无数惨不忍睹的悲剧中极其少的一部分。

三宫文男之死

反对者同盟中的农民兄弟和支援团体里的学生，是三里塚东峰十字路事件的参与者与见证者，他们一直难以消除痛苦而又愤怒的心情。让他们感到义愤填膺的是，机场选址于自己的家园，无疑是从天而降的灾难。由于这个灾难的降临，三里塚、芝山地区农民中发生了数不胜数的惨剧。三名机动部队警察的死亡，是由政府、公团法人及机动部队一手造成的。因此，反对派民众对当局怀抱着激烈的愤慨和怨恨。

东峰十字路事件过程中，一位叫三宫文男的青年行动队队员就是在这种状况中死亡的。对于他的死，至今反对者同盟的所有成员依然悲痛不已。三宫在东峰十字路斗争过后不久，也即10月1日，亲手结束了自己22岁的短暂生命：稻子收割完之后，他就跑到村子的产土神寺庙里上吊自杀了。他留下的遗书，至今仍然深深烙印在曾经一起奋战过的青年行动队队员的心中：

我非常痛恨机场建在我们这块土地上，反对者同盟、妇人行动队、老人行动队、少年行动队，还有我们青年行动队，请加油努力吧！我已经不行了，已经没有继续斗争的力量了。

　　大家无论如何一定要奋斗到底，直到彻底粉碎机场建设！……爸爸、妈妈！儿子一直让你们殚精竭虑，对不起你们！阿广，还有爷爷，你们也要保重身体，请继续斗争到底。爸爸请不要自暴自弃，妈妈也不要担心，阿广，你一定要拿出精气神来哟！爸爸、妈妈、爷爷，就拜托你们了。

　　我就偷懒，先走一步了，对不住了。

　　粉碎三里塚机场！请大家一定要与三里塚共存，各位请多保重。

　　三宫临死前曾这样说："如果三里塚不建设机场，或许我现在也已经娶妻成家，过着寻常百姓的日子了吧。"无疑，三宫的死对青年行动队的人们来说是一个巨大的打击。

　　1983年10月1日，在举行第13周年祭之际，石毛博道先生为三宫献上了一首诗，这首诗将反对者同盟全体成员的悲痛传递至今：

　　　　哭泣的村庄里，
　　　　自缢的绳索浸透着秋雨，
　　　　你看见那肃杀凄冷的国家了吧？
　　　　惊神未定，
　　　　抱起挚友身躯的这个秋哟，
　　　　以何相告？
　　　　门板上零落着秋的暮色。

东峰十字路审判自事件发生之日起，一直持续了长达 14 年的时间，到了 1985 年 3 月 6 日，终于迎来了终审判决。在陈述最终意见之际，热田城先生现场朗读了三宫先生的遗书和石毛先生的诗。朗读者热田本人自不待言，就连被告人、旁听者都热泪盈眶。

与之形成鲜明对比的是，检察官的控告还是那么苛刻冷酷。检控方要求给予 55 名被告以超出预想的严厉判决。其中，对 22 名青年行动队队员及支援团体党派人士，以收集藏匿凶器罪、妨碍公务罪、伤害罪以及伤害致死罪，判处 5 年至 10 年有期徒刑；对另外 11 名被告，以收集藏匿凶器罪、妨碍公务罪，判处 2 年 6 个月至 8 年不等的有期徒刑；对其余 12 名被告，以收集藏匿凶器罪，判处 1 年 6 个月至 2 年的有期徒刑。

不仅是三里塚东峰十字路事件本身异乎寻常，整个审判过程都直截了当地反映出成田斗争中"揿错了按钮"的吊诡性。就成田机场问题，想要找到"符合社会正义"的解决办法，就绝对不能无视东峰十字路事件的整个过程。

成田机场的通航

第二次代执行的专制性、强制性色彩之浓厚，以及造成的灾难与危害之巨大，是史无前例的。正因为如此，不仅日本国内舆论骂声四起，它也遭到世界各国有良知的人们的强烈批判。而且，付出如此惨重的牺牲，仅仅就是为了建设这样一个成田机场，因此，早在建设工程实施之前，就已经遭到广大民众的厌恶与否定。同时，为了管控不断蔓延的民众的抵触与厌恶情绪，政府当局也一直煞费苦心。因此，该工程的社会成本是不可估量的。

我也亲身体验过充分反映当时社会风潮的事件。记得那是1977年6月发生的事情。当时的首相福田赳夫参加了在伦敦举行的峰会。为了拯救停滞的世界经济，福田首相在会上主张日本要发挥火车头的作用，大幅扩大政府财政支出，并在回日本之前承诺把当时已经超过10%的物价上涨率降低到一位数。毋庸讳言，这两个显然相互矛盾的诉求无论如何是难以实现的。对政府当局而言，这的确是一个亟待解决的问题。当时碰巧我去NHK制作节目，节目里我要讨论的课题就是，如何才能做到政府财政支出的扩大不造成物价上涨。

不过，当时我最关心的问题，其实还是成田机场问题与水俣病。于是，我就以前面所提到的社会风潮为背景，提出了自己的建议。质言之，这是当着眼于日本经济社会的稳定发展，而提出扩大财政支出之时，最为有效的方案之一，就是中断当时已经进入施工阶段的成田机场建设工程，尽可能使用劳动集约型手段开展作业，撤除一切建设设施，剥离清除混凝土，还原农耕地。当然这种终止机场建设还原农耕地的做法，未必会给国民生产总值带来巨大收益，而且就体量而言，该作业对世界经济的恢复所产生的作用几乎可以被忽视。但是，通过将成田机场还原成农耕地，会使民众重拾对政府的信心。迄今为止，由于成田机场问题，国民对政府的信任几乎陷入崩溃的境地。假如民众对当局的信赖感能够大幅提升，那么，就可以激发他们的主体性，诱导他们从市民的维度大幅度修正公共投资计划，最终让许许多多原本在各地受到种种阻碍而难以推进的项目重新付诸实施。如此建议看上去似乎有些荒唐，但是，我提出它是有经济学依据的。

可是，当我在说这番话的时候，节目突然中止了。我当时也知道正在做现场录播，但是还是不由自主地往下说。于是，现场监督人员出来制止，希望我收回涉及成田机场问题的发言。对此，我置之不理，又固执己见地重申了自己前述观点。然而，NHK的工作人员对我说，谈及成田机场问题，会威胁到他们的饭碗，自己毕竟还得养活妻儿老小。职此之故，我不得不收回这段有关成田的言论。这个逸闻一方面表明我是一个做事情半途而废的人，而另一方面又象征性地反映出NHK等主流媒体的基本特征。这些原则上保持"中立"的公共报道机构是有局限性的。不管怎么说，就我自身而言，就成田机场问题，当时应该仗义执言，拥护当时日渐成为社会潮流的"废除机场"选项，可实际上我是行百里者半九十，为此至今都有点儿后悔。

1978年5月20日，在一期工程只建好一条滑行跑道的情况下，换言之，在客观上存在着物理性缺陷的情况下，同时，也是在治安上存在重大缺陷，不得不出动超过1万名机动部队的警察严守，外加铁丝网严密布控的状况下，成田机场勉为其难地实现了部分通航。其间，发生了破坏、占领管制塔的异常事态，而且全国性的反对运动也日益高涨。也就在这个时候，二期工程也进入议事日程，这给当地的农民带来了极大的恐慌与不安。

在这种状况下，出现了各种各样希望通过对话来解决成田机场问题的动向。尽管人们采取的方式很灵活，路径也五花八门，热情也很高，但最终都还是失败了。尽管如此，人们付出的努力还是可圈可点的。在此，我仅举一例，对其原委稍微细致地加以说明，目的在于分析一下这个活动失败的原因。我所说的这个活动，实际上跟我们现在正在进行的"公开研讨会"的流程有许多相似之处，当然不同之处也不少。了解这次活动失败的前因后果，对认清今后解决问题的方向具有重要意义。然而，我不是活动的当事人，所以好多事情我都不清楚，而且参与这次活动的许多人士，现在仍然在以各种各样的形式参与成田斗争。因此，在此先做一个声明：接下来准备阐述的内容，对其正确性、解释权等，本人负一切责任。

《岛·加藤备忘录》事件

1979年7月16日，《读卖新闻》早报头条刊登了一则轰动的消息：

"成田"峰回路转，走向对话和解之路——以斗争休战为条件

运输大臣森山当天发表声明，宣布"休战一年"。声明的主要内容是：在此期间冻结二期工程、"搁置"《土地征收使用法》的实施，开展协商对话。自1979年4月以来，政府方面和反对者同盟"和平小组"进行了数十次秘密的预备会谈，声明就是基于这些会谈所取得的结果出台的。我们预见到，只要没有相当大的障碍，借此基本上能够实现对话沟通路线。这些预备会谈是在官房副长官加藤纮一的大力推动下实现的，因为他与反对者同盟之间有对话渠道，起初就连运输省都完全不知道这个动作。

然而，当预备会谈进入到最后阶段时，他要求身为机场问题牵头部门的运输省也务必参加。据说，当时是人称"成田通"的运输政务次官林大干作为代表出席该次会谈的。此次预备会谈的主要内容是：反对者同盟提出冻结二期工程、撤回《土地征收使用法》；当局方面提出迁出机场用地内农户、宣布斗争结束等。其中，(1)关

于冻结二期工程问题，没有涉及冻结期限，单单只提到"冻结"；（2）关于《土地征收使用法》问题，双方商定，尊重建设省的想法，不提"撤回"，改提"不实施"；（3）关于结束斗争宣言，依反对派的要求改为"斗争休战宣言"；（4）今后反对派不再开展类似游击战之类的过激行动；（5）关于个人财产保护问题，将逐个进行沟通交流（就二期工程用地内的17家农户的搬迁等问题，逐个征求农户的意愿）。

运输大臣声明对预备会谈的共识事项在很大程度上进行了修正。反对派如果接受这个大臣声明，双方首先就应选出一定数量的代表，坐到谈判桌前，以对等的立场，就此进行协商。而且，还要就协商的条件、紧急事件的处理以及危险事态的管控等进行归纳整理，形成"意见稿"，之后，再举行以运输大臣为代表的政府方面，与反对者同盟全体农民联合出席的全体会议，最终就解决方案达成共识。这就是事先想定的整个协商作业的流程。

在《读卖新闻》的这篇报道见报之后，以及运输大臣记者招待会举行之后，反对者同盟立刻召开了干部会议，会上发表了声明，表示"一俟文件到手，一定要谨慎地研究森山的发言。至于《读卖新闻》的一系列报道，皆与反对者同盟无涉，反对者同盟与政府之间并没有进行诸如坊间所传闻的所谓秘密谈判……"自不待言，各支援团体、组织也发出了强烈的批判声音。

《读卖新闻》的这则独家报道引发了反对者同盟的反弹行动，进而，在7月22日，同样是在《读卖新闻》千叶版上，又刊登了同盟事务局副局长岛宽征先生的情况说明。其实，在这一连串的事件背后有着一些鲜为人知的事情。

情况是这样的。1978年5月上旬，也即成田机场通航前夕，反对者同盟与政府内阁官房之间，曾就和平解决成田机场问题展开过谈判。所谓"和平解决方案"，就是政府和反对者同盟之间通过"对话协商"，寻找解决成田机场问题的办法。这并非要违背反对者同盟最初的意愿，毋宁说，它意味着成田斗争有名誉的终结，找到了符合社会正义的解决办法。这一点，我要首先强调一下，而且通过我下述详细说明，读者能够获得清晰的了解。

1978年5月11日，时任运输政务次官的三塚博氏破例会见了二期工程用地的地权者代表、同盟副委员长石桥政次等人；5月15日，三塚博氏又与同盟事务局副局长岛宽征进行了会谈。由于这个会谈是由松冈秀雄安排的，因此，会谈内容被称作所谓"松冈路线"。这个动向立即被有关新闻媒体报道出来。得知此事后，反对者同盟于5月17日召开干部会议并发表声明称，拒绝一切对话协商。这样，原本以冻结二期工程为焦点的岛・三塚会谈，仅仅起步两天，就遇到了挫折。

同时，还出现了另外一个独立于前述"松冈路线"的新动向，那就是以松本礼二氏为核心的行动路线。其思路是综合到当时为止的建设性意见，实现政府与反对者同盟之间的对话协商。这是我要说明的一种能够发挥中介作用的举措。具体说来就是：第一，认为"松冈路线"失败的最直接原因是，不恰当地向新闻媒体泄露了动向，所以必须守口如瓶，秘密行事；第二，要注意的是，要与政府中枢部门进行谈判，绝不能与代执行部门，例如，与运输省官僚、机场公团法人相关联的机构或个人进行交涉。其中，第二点后来成为导致该行动路线失败的最主要原因，但是，它与第一点合在一起，应该是结束成田斗争征程的他山之石。

以松冈氏为核心的能够发挥中介作用的组织，纠正了所谓"撤错了按钮"的谬行。他们通过精心周密的准备，并多次召开专门性会议，不懈地探索能够让反对者同盟坐到谈判桌前的前提条件。最后，他们将摸索出来的成果提炼成了一个方案，这就是所谓"共识案"。

共识案（1978年8月17日）

（1）"冻结"二期工程。具体措施是，将二期工程规划预留用地，从《土地征收使用法》创业地特定区域中予以去除。

（2）将岩山地区的同盟成员的房屋、土地迁徙到二期工程规划区域内。

（3）向二期工程用地内各农户，按照户别予以"损害赔偿"。

这个"共识案"于8月31日得到了福田首相的"一揽子谅解"，官房长官安倍晋太郎负责安排事务层面的协调。10月16日，内阁官房派出副长官道正邦彦氏出马，与以岛氏为核心的同盟方代表进行了会谈。会谈过程中，双方达成了如下基本谅解。即政府与同盟之间的对话协商分为两个阶段进行，首先，第一个阶段：

（甲）"沉痛地反省"在过去13余年间，完全无视当地农民的生活、环境等，一味地把国家的政策视为民族大义，而单方面地、强权性地推进"成田机场建设"，这破坏了农民的生活，解体了区域社会，加大了当地每位居民的苦恼。

（乙）回到国家政策的原点重新思考问题，"所谓国家的政策，它的提出，要得到民众的理解与配合，要为确保民众将来的生活而努力"。有鉴于此，

（丙）目前"成田"的状况令人担忧，政府应为13年的行为进行谢罪反省，要心系全面通航之大局，寻求当地农民的理解与配合。

（丁）签署"备忘录"，为创造条件，实现"真正的对话协商"尽职尽责。

道正·岛会谈的主要目的是：在第一阶段，结束"成田斗争"，将"成田问题"带进第二阶段，即如何面向未来，建设性地思考该问题。在推进这个流程的过程中，双方将前面已经引用过的"共识案"又做了细化演绎，从反对者同盟的立场起草出《备忘录》。

备忘录

政府与三里塚芝山反对机场建设联合同盟（以下简称同盟），双方进行了坦诚的对话协商，为了给过去13年间因成田机场建设而造成的种种不幸与灾难画上句号，双方达成共识，交换如下备忘，并予以执行。

（1）政府在机场建设过程中，没有履行民主程序所规定的基本要件，换言之，没有通过与当地居民进行坦诚的对话，去寻找正当、合理的解决问题的手段，因此政府要对至今为止的过程进行率直的反省。而且，鉴于《土地征收使用法》的实施，导致了困难重重的现状，已经成为实现立足于平等立场开展对话的障碍，所以双方一致认为，作为进入对话的前提，应实施以下四项约定：

（甲）冻结二期工程。

（乙）要讲求法律措施，将二期工程规划预留用地从《土地征收使用法》中所述及的创业地规划中去除掉。

（丙）对岩山等地区居住于通往机场路段正下方的同盟成员，予以搬迁补偿。此事应有同盟介入，须采取紧急且富于诚意的方式加以处置。假如有人希望将农地、房屋迁徙到二期工程规划用地中的公团法人用地上的话，应做好应允接受的准备。

（丁）对居住于创业地段内的同盟成员，因《土地征收使用法》的实施而蒙受的损失，应做好予以适当赔偿的准备。

（2）政府要虚心倾听在过去的13年间相关居民所经历的痛苦，同时，应承认在行使行政权力（也包括以议院内阁为媒介的行政权所赋予的立法权的行使），推动新东京国际机场的选址及建设过程中，履行正当程序不到位。而且，为了具体明了地呈现伴随成田机场建设所发生的滥用行政权力的实际状况，应召开公开听证会，将备忘录（1）中所列的实施项目，作为结论的一部分予以确认。

但是，为了保证公开听证会能够得出经得起国民批判的公正结论，政府及同盟需要进行预备谈判，必须就其程序与内容达成共识。

（3）前述（2）中所涉事项在公开听证会上达成共识、成为确保事项后，应实实在在地实施。在确认其实施将会落在实处的过程中，政府与同盟将就成田机场未来的所有相关问题，进行诚心诚意的对话协商。

关于这个《备忘录》，政府与反对者同盟之间达成了一致意见。但是，其中有几个事项需要修正，尤其是(1)中的(乙)项和(丙)项，双方同意在对其表达方式进行修正之后，再正式签署。

然而，在11月26日举行的自民党总裁预备选举中，福田氏得票率位居第二，被迫辞去正式选举候补人选资格，取而代之的太平氏就任新的总裁，将以总理身份，负责内阁事务。为此，谈判暂时中断了。1979年4月，同盟终于有机会与新内阁代表、新官房副长官加藤纮一进行了交涉。在那之后，双方反复多次就《备忘录》的文本化进行磋商，其间，开展作业的方式是双方都能够接受的。结果，在6月15日，《岛·加藤备忘录》签订仪式顺利举行。这个《备忘录》对我们来说，至今都具有非常重要的意义。尽管原文多少会有点长，但我打算在此全文照录。

备忘

政府与三里塚芝山反对机场建设联合同盟（以下简称同盟）双方进行了富有诚意的对话协商，为了给过去13年间因成田机场建设而造成的种种不幸与灾难画上句号，双方达成共识，交换如下备忘，并予以执行。

第一项

政府与同盟在成田机场建设过程中，没有正确且恰当地解决"公共必要性"与"农民的权利"之间对立的问题，相反导致了暴力纷争，引发了诸多不幸，对如此惨痛的过去，双方应相互直率地进行反省。

尤其是，政府承认，在机场建设过程中，对相关农民的农业经营状况缺乏关心，也没有做出充分的努力，去与当地居民进行富有诚意的对话，以解决当时的危急状况。因此，政府确认，今后的工作方针是，通过与同盟对话协商，以解决问题。

第二项

政府承诺，确保以下各事项的实施。

（甲）冻结二期工程，通过对话协商解决问题。

（乙）《土地征收使用法》的实施，导致了困难重重的现状，已经成为实现立足于平等立场开展对话的障碍。对同盟方面提出的如此主张，政府予以承认。以后，就二期工程规划预留用地内的土地所有者、相关人员、同盟成员的土地，不再依据《土地征收使用法》，行使任何强权。

至于"买一坪运动"，一俟该运动消解，将以同样的方式予以处置。

（丙）关于创业地域内同盟成员，其因《土地征收使用法》的实施而已经发生的损失，或者今后可能产生的各种损失，将根据具体案例的具体情形，富有诚意地予以应对、处置。

（丁）承认岩山地区等航空维修保养设施用地，原本就与机场用地在功能方面有着密不可分的关系；并且，鉴于与A滑行跑道相关联的第二种噪声区域，需要采取紧急避难措施，将及早且富有诚意地提出处理意见。

第三项

同盟确保以下各事项的实施。

（甲）下面第五项所述公开听证会举行之后，将立刻着手与政府进行诚恳的对话协商。

（乙）对话协商将以成田机场之未来，以及其他相关宏观、中观及微观层面问题为议题。

第四项

政府及同盟明确承诺，双方将共同努力，把机场规划用地内以及机场周边区域的不正常状态恢复到正常。

第五项

政府与同盟承认前述第一项的精神，并抱着以第二、第三项所述确认事项为结论之一部分的目的，举行公开听证会。

在该听证会上，政府应该谦逊地倾听以相关农民为主的当地居民，在过去13年间所经历的痛苦与辛酸；认真听取他们讲述由于没有针对居民做好充分的说服工作而造成混乱的真实内幕。与此同时，双方建立起今后的相互信赖关系。

但是，为了让这个听证会能够得出经得起国民批判的公正结论，政府与同盟需要进行预备性磋商，就会议的程序及内容，达成一致意见。

昭和五十四年六月十五日

内阁官房副长官　加藤纮一

三里塚芝山反对机场建设联合同盟　岛　宽征

这个《备忘录》触及了成田机场问题的本质，它把"第一阶段"的来龙去脉以具体的形式定格化了，而且它也是由有资格正式代表政府和反对者同盟意愿的、有能力的两位当事人签字确认的。

在如此动向的推动下，7月16日，运输大臣森山举行记者招待会，就《岛·加藤备忘录》的概要作了说明。可是，正如前面提到过的那样，就在同一天的早上，《读卖新闻》上居然抢先刊登了有关此事的报道。面对如此事态，反对者同盟迅速召开紧急干部会议，声明拒绝一切对话协商，彻底终止所有程序。

为什么结果会变成这样呢？迄今为止，当事者之间进行了形形色色的交涉、谈判，其中，《岛·加藤备忘录》才是我们反反复复强调的"符合社会正义"的解决成田斗争问题的理想途径。它极其恰当、合理的文本表述，将解决问题所必需的前提条件清晰地呈现了出来。正因为如此，我感到非常遗憾。

《岛·加藤备忘录》路线为什么失败

可以认为，导致《岛·加藤备忘录》路线失败的第一个原因，就是运输省方面动作失范。如前所述，居于双方当事者之间，不辞辛劳地为双方开展谈判进行斡旋的，是以松本礼二氏为核心的一个团体。作为政府方面的代表，内阁官房派出了能够直接代表政权负责人意愿的重量级人物，这一点似乎就存在着问题。机场公团法人、运输省强烈主张，发挥斡旋作用的核心人物缺乏当事人能力，如此错误的认知就构成了主要原因。自不待言，运输官僚掌握着最确切的信息，不只是成田机场，在所有与机场相关的问题上，他们都承担着行政当局的责任。因此，我觉得，越过他们直接同政权最高负责人进行交谈，企图从政治上解决问题，这一点是存在很大问题的。

进入到交涉的最后阶段，运输省参加了对话协商，但这反而成为招致《岛·加藤备忘录》失败的直接原因。官房副长官加藤在6月11日出席会谈时，运输省机场负责人上田参事官也同时与会。15日，运输政务次官林大干事也参加了会谈。运输大臣对《备忘录》中的制约性表述提出了异议。对此，同盟方面表示抗议。结果，《岛·加藤备忘录》是在责令上田、林二位离场的情况下签署的。显而易见，《备忘录》是在没有取得运输省承认的前提下，就被当作政府上层的决定强制推行了。正如迄今为止我们很容易就能够看到的那样，想把事情向前推进，这么做本也无可厚非。尤其是在图谋解决成田问题之际，出此下策，诚属迫不得已。可是，正是由于这个欠考虑的动作，《岛·加藤备忘录》路线最终招致了意料之外的结果。

据说，林大干事离会后就采取了小动作，他马上联络《读卖新闻》总部，唆使记者写出歪曲事实的消息，这就是7月16日《读卖新闻》的独家报道的真相。这件事打从一开始就传得沸沸扬扬。不过，按照前面那种做事方法，发生此事是可想而知的。此事已经超越了有关当事人人格是否诚实的范畴。运输省作为一个行政机构，当其面临自身存在基础遭到威胁之际，势必会采取组织防卫的形式以图自保，这是无法避免的。有鉴于此，对这次研讨会的构思作了调整，它与至今为止的做法在性质上大有不同，代表政府议事的是运输省负责处理机场问题的行政官员及工作人员。

我认为，《岛·加藤备忘录》路线归于失败的第二个原因是，它在严守秘密上出了问题。虽然谈判仅限于政府与反对者同盟双方，知情面也只限于极少数人。但是，因为有中介的存在，所以在某种意义上，不管你谋事多么严密，仍然避免不了会被泄露。在这种情形下，泄露出去的情报势必就是不完整的，具有偏向性的。运输省行政当局当时肯定就是这么盘算的：为了粉碎有可能给自身带来致命一击的《岛·加藤备忘录》路线，巧妙利用所泄露出来的、具有偏向性的信息向社会蔓延的局面，不动声色地通过在全国范围内具有影响力的新闻媒体，去散布歪曲事实的消息，这一手肯定是最为有效的。

紧接着，尽管二期工程建设用地的征地工作仍然毫无眉目，但是运输省、公团法人强行推行二期工程开工。这不仅给成田机场的整体规划带来了巨大阻碍，而且对机场周边区域的地域性均衡也给予了惨重的破坏。因此，一直试图钻《岛·加藤备忘录》空子的运输省当局必须对此负全责。

　　除此之外，还有一件事情始终让我耿耿于怀，那就是，岛先生因为《备忘录》的失败，被迫离开了反对者同盟的领导位置。成田斗争给我们留下的最深刻的印象就是，通过参加斗争，每个人都在人性方面和思想方面，实现了长足的进步，不知何时自己的形象发生了巨变，变得更加虚怀若谷、器宇轩昂了。如此评价普遍适用于我曾经直接接触过的反对者同盟成员以及各支援团体的人士。不过，在他们中间给我留下最深刻印象的人就是岛宽征先生。他既有卓越的感性，又富深邃的知性，志行高洁，开朗豁达，做事雷厉风行，孔武有力，同时，还有着透彻的政治判断力。每次与岛宽征先生接触，我仿佛都从他身上赫然看见了诸葛孔明的影子。我本人之所以能够从3月开始与反对者同盟的各位同人不辞辛劳地协同作战，全有赖于岛宽征先生的支持。

就以上事实及其相关内容，我参考了以下论文、资料，内容的正确性与判断的正确性都由我自己负责，在此再强调一下。
长崎浩：《三里塚〈对话协商路线〉当时的松本礼二》（证言、资料）
东峰统一被告团编：《看到了权利的人们——理解三里塚东峰十字路审判》
　　（1985年）
镰田慧编著：《三里塚东峰十字路——权力的黑暗与55人的冤案》（第三书
　　馆，1985年）

（1991年9月15日）

第五章

成田斗争的轨迹（4）

小川嘉吉先生的斗争

说到成田斗争，不能不提及小川嘉吉先生艰苦奋战的故事。

因为反对者同盟人士中姓小川的人太多了，这里为了便于区分就称呼他为嘉吉先生。嘉吉先生出生于 1924 年，是居住在成田市天神峰的农民。1969 年 2 月 13 日，其父亲梅吉氏去世，他便继承了父亲的遗产，其中就包括机场规划预留地范围内的 2.95 公顷农地。我想请读者留意的是：嘉吉先生继承遗产的认定手续是在 1969 年 2 月 16 日办理完毕的，同年 9 月 13 日公团当局提出事业认定申请，同年 12 月 16 日事业认定批复公告公之于众。

就在前一年的 1968 年 4 月，机场公团法人与条件赞成派农民之间签订了买卖合同，其中包括位于滑行跑道前方的通道区域的 2 平方千米土地，以及滑行跑道两侧 600 米范围内的噪声区域的土地。这些土地也是按照与机场建设用地同样规格的价格进行交易的。换言之，也即机场建设规划用地与噪声区域土地是以相同价格签署买卖合同的。不过，这是公团法人与条件派之间签订的任意契约，对其他人不具有法律效力。

嘉吉先生在继承税申报的最后期限，即1969年8月13日，亲自去成田税务署办理相关手续。说是什么没有时间了，所以税务署的人就代替嘉吉先生起草了一份申报书。其间的过程，后来在诉诸法庭审理之际，不想竟成为争执的焦点。暂且不说这个，再说那份由税务署税务官员起草的申报书，就其内容，嘉吉先生来不及仔细确认，更没有工夫去提出什么抗议。结果，它就被当作嘉吉先生亲自制作的申报书提交上去了。

当时，税务官员代为起草的申报书提交后，税务当局根据落款为同年3月27日的东京国税局的通报，对所涉继承税进行了评估。该通报中规定，继承遗产的评估基准按照机场用地征购预计价格的70%作价。依据这个通报，税务官员计算出，嘉吉先生继承遗产的税额高达533.5万日元！这个税负额在当时简直令人无法想象。嘉吉先生继承的土地和机场建设毫无关系，而且他本身就是反对机场建设的，完全没有打算把土地卖给公团法人，当然也没有签订土地买卖合同。于是，他向税务官员提出了强烈的抗议，要求修改申报书。就在双方争执不下时，不知不觉已经是下午6点30分了。对方说，现在没有时间修改了，暂时按照期限提交申报书，改日再办理更改手续。被迫无奈之下，嘉吉先生暂且在文件上签了名，盖了章。

8月下旬，嘉吉先生又前往成田税务署，他准备更改此前那份继承税申报书。然而，从税务官员那里得到的答复却是，申报书一旦提交就不能受理更改手续。对方还强调说，申报书在形式上是嘉吉先生本人制作，本人亲自签字盖章的；申报书制作之际，他并没有在身体上受到拘禁，或是受人胁迫，因此该文件是按照嘉吉先生自己的意愿完成的。原本相信了税务官员先签字再修改的说法，稀里糊涂地提交了申报书，没想到现在已无法修改，被勒令按照申报书记载的数额缴纳巨额税款。至此，嘉吉先生意识到自己被税务官员欺骗了，当时他是何等懊恼啊？！其程度肯定超出我们的想象。

在那之后，嘉吉先生又无数次地付出努力，希望能够办成更改手续，但是每次都不被受理，结果，就只能在不将土地出让给公团法人，依然作为农耕地来使用的前提下，按照普通的方法计算税负额。最后，他向税务署缴纳了47.7万日元的全额继承税。此事正好发生在成田机场事业认定获批公告发布之前，这也具有重要意义。

1973年11月，税务署当局说是为征收嘉吉先生欠缴的485.8万日元的滞纳金，对其所有的3500平方米山林予以不动产查封处置。之后，嘉吉先生对课税和查封处置提出异议，结果全都不被受理。于是，他向东京国税不服审判所提出审判请求，要求取消查封处置。这次申诉最终也没有被采信。接着，嘉吉先生向最高裁判所提起诉讼，将成田税务署署长当作被告告上法庭，诉讼内容包括取消查封处置等4件相关事项。尽管他一直抗争到最高裁判所，但是他所提出的每个主张，最终都没有被法庭接受。

就是这样，嘉吉先生试图通过法院来伸张自己的正义主张，但结果是所有的道路都被封死了。最后，嘉吉先生直接给法务大臣写了一封公开质问书，落款是1991年4月3日。该信指出，成田机场申请事业认定属于违宪行为。对此，政府方面也没有做出任何回应。

针对嘉吉先生提出的问题，国税当局和法院都只是一味强调形式和技术一面，而对其实质性的、道德伦理层面的内容只字不提。因为嘉吉先生针对身为国家统治机构中枢的税务署、法院所提出的问题，太过于深刻，而且它造成的影响太过于强烈，其蕴含的实质，让这些体制内的公务员无法从正面回答。

嘉吉先生的问题意识，在某种意义上，质疑了国家权力的正当性，否定了国家官僚机构，特别是税务当局的合法性。所以，要想回答嘉吉先生的问题，在现行的法律体系框架内近乎是不可能的。借用嘉吉先生的话来说，那就是"……最高裁判所与行政沆瀣一气，如果对其违反真理的腐败判决放任不管的话，就等于放弃国民主权的和平宪法所保障的最基本人权和财产权"。

两个重要问题的提出

小川嘉吉先生在提出财产继承问题之际，顺带又提出了一个与之相关的问题，即新东京国际机场建设事业认定失效的问题，这也成了"公开研讨会"上颇具争议性的基本问题点之一。可见，嘉吉先生将问题进一步引向深入，从该项事业被认定的违宪性质出发，提出了第二个问题。

嘉吉先生首先指出，1966 年 7 月 4 日，有关新东京国际机场建设的内阁会议上所做出的决议，完全忽视了身为主权者的农民的存在。接着，他又绵密地分析了截至事业认定获批公告发布之前的事情经过，澄清了此事与宪法相背离的性质。1967 年 1 月 30 日，成田机场工程实施计划获批公告虽然发布了，但是，原本作为申请认可的基本要件，公团法人必须随申请报告附上证明自己确实能够征得机场建设用地的资料。因此，运输大臣在批准工程实施计划之际，应该确认过机场建设用地能够顺利征得。该项事业启动和竣工的日期是 1967 年 1 月 23 日至 1974 年 3 月 31 日，假如该项认定合法的话，那么在上述期间内，机场建设理应已经顺利完成。这样一来，基于《土地征收使用法》所做的事业认定，本身就是没有必要的了。

关于机场事业认定有两个重要的时间节点：1969年12月16日，事业认定获批公告发布；1973年11月30日，有关土地权利获取的裁决申请及土地转让裁决申请被提出。就是这样，依据《土地征收使用法》第29条第2项规定，上述裁决申请须在事业认定获批公告发布之日起的4年之内提出，方视为合法。但是裁决申请书和转让申请书的公告与总览，是于1974年1月22日在成田市政府公布的。因此，嘉吉先生主张，前述申请事项已超过了《土地征收使用法》第29条第2项规定的4年期限。关于这一点，坊间人士认为，《土地征收使用法》第29条第2项规定，有关土地权利获取的裁决申请及土地转让裁决申请在4年之内提出即可（公团法人也是这么做的），所以公告与总览即便过了4年期限，似乎也无可厚非。然而，就我而言，还是有些不解，有关这个问题，法律该如何做出一个解释呢？

嘉吉先生似乎还在主张，按照《土地征收使用法》第29条第2项规定的命意做个类推就不难得出结论：自事业认定获批公告发布之日起，4年之内未进行权利获取裁决的部分，应视为事业认定失效。这项规定适用于裁决申请未表述的场合，这难道不是征收使用委员会不做裁决场合的规定吗？关于这一点，我若不是认真仔细听了嘉吉先生的解释，是很难做出判断的。

嘉吉先生又依据《土地征收使用法》第100条，指出征用或使用裁决也已失效。他进行推论的前提好像是看时间节点，事业认定公告发布后4年的最后期限是1973年12月16日，超过这个时间节点，等同于失效。

嘉吉先生接下来所主张的问题，具有非常重要的意义。那是与承购权之间的关联性问题。说到承购权，《土地征收使用法》第106条中有相关规定，主要包括以下几点："……自事业认定公告发布之日起，20年之内，当事业废止、变更或因其他理由，创业者征用的全部或者部分土地不能使用时，或者自事业认定公告发布之日起，过了10年，征用的土地没有全部用于事业上时；在进行权利获得裁决之际所认定的权利获得期间内，土地所有者或者打包继承人（以下统称'承购权益人'），自该土地不被使用之日起5年之后或者自事业认定公告发布之日起，20年之内，也即在最迟期限之内，对创业者没有使用的那部分土地或者是没有用于事业上的土地以及相关所有权以外的权利，业已支付补偿金者，应将相当于该笔补偿金的款项支付给相应征用的相关方，即现在的土地所有者（以下称'收用地之现所有者'），之后才可以承购该土地。但，根据第76条第1项'剩余土地征用的请求权'规定而征收使用的剩余土地，属于与其剩余土地一起征收使用的土地，因此如若不是与其接壤的部分沦为不用地的话，就不可以承购。"

嘉吉先生主张，公团法人就二期工程区域内的土地所拥有的征收使用裁决申请权，在提出裁决申请之后，一直没有进行具体的审理，放置已长达10年以上，因此，这种情况适用第106条的规定，其承购权发生了问题。对于嘉吉先生的主张，国家方面则主张，"当征用的土地没有全部用于事业上时"这个条件的意思是，"所征用的土地全部没有使用时"。换言之，就成田机场而言，工程虽然分为一期工程和二期工程，但是它作为符合事业认定法案的一个完整的事业，已经获得认定了，包括已经征用的土地在内，一期工程规划区域内的土地已经被用作机场建设，因此，没有出现已征用土地之全部未用于事业的情形,所以既没有产生承购权问题,事业认定也没有失效。

国家方面的主张,在我这个完全属于法律外行的人看来,也总觉得有些三百代言[1]讼棍的味道,不具备说服力。原本二期工程建设用地的征地作业还没有什么眉目,公团当局居然就连同二期工程一起申请事业认定了,所以,就这个时间点而言,可以说国家方面所做的主张,在法律上就失去了正当性。国家就承购权的产生所做出的主张也属于同样情形,也即,当初犯下了重大过失,对此国家方面十分焦虑,所以要采取极端方式从根源上予以弥补。

如前所述,为了将自己的主张委与法院去判断,嘉吉先生提出了以上几个诉讼。1979年3月13日,反对者同盟(尚未分裂出小川派、北原派、热田派三派之前的组织)以请求取消事业认定以及特定公共事业认定处置为事由,向东京地方法院提起诉讼,将建设大臣作为被告告上法庭。1984年7月6日,东京地方法院驳回了该项起诉。对此,反对者同盟三派别皆表示不服。他们已办理好相关手续,联手向东京高级法院提起上诉,现在案件正在审理当中。

原告嘉吉先生在写给法务大臣的公开质问书中这样说道:"由于发布了不合法的事业认定公告,宪法所保障的最基本的人权和名誉明显地受到了严重侵害。同时,由于这个违法行为,还爆发了以东峰十字路事件为典型事例的一系列暴力事件,珍贵的生命受到戕害,数不胜数的人受了伤。许多人遭到逮捕,被当作犯人给定了罪。而且,土地所有者也被判为有罪了。"

嘉吉先生说,农民们在这长达21年的时间里一直在不停地追

---

[1] 讼棍,三百代言。自明治时代以来一直用来蔑称无资格代言人、无照代言人,亦为律师蔑称。此处指玩弄诡辩的政府官员。

问,《土地征收使用法》的本质到底是什么?但是,正如前面所反复提到的那样,由于嘉吉先生们的问题意识,已经触及国家权力的中枢,其性质十分复杂,所以,仅凭一个法务大臣,根本无法回答。即便是回答了,也只能是反反复复地表达几近诡辩的主张。

但是,嘉吉先生通过一次又一次提起诉讼,坚持不懈地寻求公道的说法。我必须指出,由于他的努力,成田斗争的本质也慢慢浮出水面;反对者同盟成员们身上所集聚着的深深愤怒及强烈愤懑,广泛地唤起了社会各界的共鸣。他的坚持,引发了人们心理上、情绪上的共振,成为不断将成田斗争推向深入的一种原动力。

横堀墓地审判

思考成田斗争的性质之际,我觉得现在有一个正在审理当中的案件极具象征性地反映了其特征。那就是横堀墓地审判。以诉诸审判的方式开展斗争的目的,是要夺回因机场建设而被机场公团掠夺去的横堀公共墓地。广大的农民们为了守护自己的灵魂,维护自己做人的尊严,就要利用墓地祭祀自己的祖先。所以这样的目的意义重大,是无可取代的。在此,我事先声明一下,本人对横堀公共墓地审判案件的理解,是基于相原亮司先生所写文章的内容。

横堀部落的位置与横风用 C 形滑行跑道的规划用地有关联。横堀公共墓地位于所述横风用滑行跑道的北端,面积大约为 720 平方米。横堀部落从 1930 年开始对该区域进行开垦,大正时代正式建成一个部落共同体。它是一个仅由 30 个农户组成的小村落。1915 年,为了庆祝该部落共同体的建成,村里立了一块开垦纪念碑。然而,好景不长,1966 年三里塚被选为机场建设用地,横堀部落将近一半的土地也被划为机场建设用地，整个部落陷入不得不搬迁的局面。横堀部落的农户同其他村庄一样，也分为赞成派和反对派。所以，部落很难保持整齐划一的姿态以共同体的形式继续存在。现在，仅剩下5户人家，他们以热田一先生为首，继续开展着反对运动。

横堀公共墓地虽然属于二期工程用地范围，可是，机场公团法人却试图采用计策，及早把它弄到手。在公共墓地登记之际，为了便于操作，村里就推选出了7位名义代表人。这7位名义代表人当中，现在已有5人离开了该村落。当时公团法人设法找到他们私下沟通，通过花言巧语说服了他们，让他们同意把墓地权利转让给了公团。后来，这件事被去登记处办事的同村村民偶然发现了，公团法人的花招也因此曝光。因此，1981年8月2日，横堀部落的居民向千叶地方法院提起了民事诉讼，要求依法审理横堀公共墓地所有权转移登记手续问题。1991年2月20日，该地方法院做出如下判决：承认横堀公共墓地是部落所有人的入会地，但是，鉴于现在部落本身已经解体，入会地集团不复被承认。该法院就是依据如此荒唐的论据，驳回了原告的诉讼。对此，反对者同盟立即表示不服判决，旋即向东京高级法院提出控诉。现在该案件正在进行法庭辩论。

祖先的墓地里祭祀着我们自己的身体与灵魂，是我们的精神家园。特别是对于以农民为中心的部落共同体来说，公共墓地发挥着堪称部落之魂的故乡的作用。横堀公共墓地也埋葬着曾经参与三里塚斗争，并在斗争中壮志未酬身先死的斗士的尸骨。所以，它是农民之魂的家乡，可以说，它的存在，是三里塚斗争的象征。公团法人随意迁移墓地的行为，不单单是不合法的，而且即便从伦理的、社会的角度去看，也都是无法饶恕的。日本的法院往往都具有强烈的单方面维护国家权力的倾向性，所以也不能够期待东京高级法院能做出令人满意的判决。不过，通过这次诉讼，可以澄清成田斗争的本质所在，所以，是有重大意义的。

对基本人权的侵害

关于事业认定失效的问题，相原亮司先生写过一篇题为"时间炸弹"的文章，读起来令人觉得兴味盎然。

如前所述，事业认定获批公告一经发布，便发生15项效力。由此，变为创业区域的土地，便会对以它为生活来源的原主人们翻脸，给他们的基本人权增添许多巨大的制约。《土地征收使用法》第28条之3款第1项中规定，"公告一经发布，只要未得到都道府县知事的许可，任何人都不可以明显地对创业地内的事业进行干扰或阻挠"。同时，律条中还进一步规定，此处述及的"知事许可"，除防范灾害等特殊情形之外，要是没有得到创业人的同意，知事也是不能给出的。就成田机场而言，确实需要千叶县知事给出许可。然而，千叶县知事因其所任的职务，本身就扮演着推进机场建设之核心人物的角色，所以，立场是不可能中立的。在成田机场问题上，这种状况已经持续了长达20余年的时间，农民们最基本的权利惨遭剥夺，为之付出了巨大的代价。

这长达20年的岁月，无论是对社会来说，还是对个人而言，都是非常漫长的。在此，我希望读者朋友能够回想一下20世纪60年代的后半程是个怎样的时代。在日本国内，经济快速发展所造成的扭曲状况日益彰显，公害问题在全国范围内不断蔓延，大学校园内的纷争也愈演愈烈；在国际方面，美国陷入越南战争的沼泽之中，使美国社会经济受到不可逆转的巨大创伤，不久，全世界就迎来了一个不均衡时代。此后的 20 年间，日本国内的社会经济各方面的情况，以史无前例的速度发生着惊人的变化。世界局势也发生了翻天覆地的、在某种意义上来说也是决定性的裂变。甚至个人层面，在这 20 年内也发生了巨大变化。

曾经的领导者们几乎都已步入晚年，或者与世长辞；大多数年轻人都有了自己的家庭，有了自己的妻子与孩子，很多人的生活环境和生活信条都已经完全改变。在这漫长的 20 年间，人们一直置身于事业认定获批这张大网的笼罩之下，被迫过着不安定的生活，总感觉自己的生活基础与事业不知何时会被人剥夺了去。这种情况本身已经侵犯了公民的最基本的人权，可以说，它违反了《土地征收使用法》第 1 条所倡导的内涵："旨在增进公共利益并调整前者与私有财产之间的关系。"

二期工程用地的大部分土地已经归公团法人所有，除去农民的所有地、公共设施、公共道路之外，其余地面都被铁丝网给严密地围困着。公团法人还在各处建立监视塔，形成了日夜监控体制，呈现出了一派异样的景观，机场建设用地全区域仿佛变成了一个巨大的监狱。这里常年驻扎着以 1500 名机场警备队警员为核心的、多达 2000 人规模的警察机动部队。对此，欧美的来访者也无不为之感到震惊。据说，他们无一例外感叹道："这简直就是尔洋的奥斯维辛集中营。"这些都已成为活生生的证据：当局一味地给国民带来不利影响，剥夺了人们经营最低限度生活的最基本人权。考虑到这一点，我认为，反对者同盟人士宣称事业认定处置失效，也是国民从宪法的角度向政府发出的呼吁。

青年行动队的现状

　　反对者同盟青年行动队的人们，还有那些前来支援的年轻人们，是如何度过成田斗争的25年艰苦岁月的呢？当时，他们中的大多数人都是20岁刚出头的毛头小伙儿，有些人甚至还不到20岁，就是这群血气方刚的年轻人，打从稚气未退的年龄，就立足于成田，积极投身于成田机场反对运动，可以说把自己的全部人生都奉献给了成田。曾经唇红齿白的英俊少年，如今头发丛里也已开始掺杂起白发来，他们各自都成了一家之主，挑起了养家糊口的重担。我在前面的文字中这样描述过："他们历经了25年的风风雨雨，思想上、人格上都已取得巨大进步。他们已经确确实实地认识到成田地区所处的状况之艰难，为了探寻出今后新的发展道路，他们一直在忍受痛苦的煎熬。"然而，成田的现状给人以沉重的威压，是难以用这种略带温情的语言去书写的。

　　青年行动队的队员们几乎都是农民出身，他们所置身的农业环境，在这25年间发生了翻天覆地的变化。其最基本的原因在于，日本彻底地推进重化学工业化，为促进城市化，政府采取了形形色色的制度性及政策性措施。因此，农业与工业之间存在着的生产性差距（剪刀差）越来越大，农村与城市之间所存在着的社会性背离也日益加剧。在这25年间，农村人口急剧减少。日本经济仅就表面来看，似乎享有了史无前例的"经济繁荣"。然而，日本农村的相对贫困化日益加剧，这是有目共睹的。就成田机场周边的农村而言，如此贫困化现象更加显著，机场建设彻底打破了周边地区地域性、经济性以及文化性均衡。弹压反对运动，强行推进基本建设的恶果，就是导致周边区域农业走上穷途末路。

在此日本农业陷入"全面性危机"的状况下，青年行动队的斗士们显得异常活跃。原本反对者同盟的核心动机就是保护农业生计。许多人士对农业经营活动十分执着，他们以人格的力量在积极参与。他们殚精竭虑，孜孜以求，试图给农业园地带来清新的气息，寻找出一条新的发展道路。仅仅在我的系列文章中被点到名字的人士中，就有不少杰出人物。柳川秀夫先生是大名鼎鼎的叶菜类种植专家，石井新二先生是水稻生产能手。其中，新二先生几乎完全做到了农业生产有机化。他在大米的保管贮存方面也非常精心。特别是他培育出的玄米，有一种难以言表的奇妙美味，听说有人吃了新二先生培育的玄米之后，过敏性鼻炎也彻底治好了。

这些农业专家都是充分利用土壤中存在的各种各样的微生物、细菌的生物学作用进行农作物栽培的，这种方法与以往普通的依赖农药、无机肥的农业法相比，是属于劳动集约型的做法，生产性比较低，农作物成熟期也比较长。如果从经营的角度来核算成本的话，是非常不划算的，而且要付出更多的心血与精力。唯此，为了实现该地域农业的协调发展，青年行动队的斗士们一直在竭尽全力。

"袋装小组"

其中最具有代表性的就是"三里塚微生物农业法协会——'一袋'小组"。这个小组由反对者同盟的4户人家（石井恒司、小泉英政、小川直克、岛宽征）构成，共同出货，向签订合约的消费者家庭，直接派送袋装农产品。这样消费者不仅可以吃到应季的新鲜蔬菜，也不用担心农药残留的危害。从消费者的角度来看，这无疑是一个非常卓越的制度化营销模式,但是从生产者的角度来看的话,则要付出更多的劳动力,而且收益也没有那么理想。

尤其是像1991年那样,自夏季到秋季一直雨水不断,台风的造访频率也比往年高得多。这种时候,想要维持袋装派送农产品的作业是非常困难的。"袋装小组"的成员中,有些人家自己的住宅或者田地刚好与成田机场的滑行跑道相邻,而机场建设造成的危害又五花八门,形形色色,简直超出了想象。例如,有一位同盟成员,家里院子前面因长期下雨形成一潭池水,穿着田间用的雨靴都无法蹚过,于是,要从大路上横穿过另外一块田地,沿着地势高的地方绕一大圈往前走,好不容易才来到未漫水的旱地,可是,想要回去时却无路可走了,最后好歹获救,捡回了一条命。另外,据说运送袋装农产品的道路全被雨水淹没了,计划收获的农产品也因雨水过多而几乎绝收。即使这样,"袋装小组"的人们仍在拼命努力,不遗余力地坚持为客户送货上门。但是,听他们说,想拾掇好这一片狼藉的田地,等地里的水全部排干,再播种上新的种子,取得收获,按现在这种季节状况几乎是不可能的。即便是这样,"袋装小组"还是努力给消费者送去袋装农产品,包括土豆、红薯、花生、芋头、葱、蔓菁、韭菜以及维生素类菜等各种各样的蔬菜,这生动地体现了他们无微不至地服务于客户的优秀品格。

反对者同盟农民运动的另一个典型事例是岛村昭治先生发起的鸡蛋运动。岛村先生推行了精彩的供需无缝对接的直销运动。他养了数千只鸡,向消费者直接提供鸡蛋和蔬菜,该活动得到一千余户客户的支持。弥永健一先生曾经在《芋、鸡蛋、铁塔》一文中完美地讲述过岛村先生的故事,称赞他象征着拿生命做赌注、勇于投身成田斗争的农民兄弟的精气神。

佐山忠先生

有许多反对者同盟的人士，从成田斗争爆发初期就开始参加斗争，直到现在他们依然滞留在成田这块土地上。那么，他们现在是如何生活的呢？他们以各种各样形式参与着反对运动，在其各自不同的生活方式背后，存在着共同的情愫。正是这种情愫支撑着成田斗争，而且在今后缓和对立、解决问题的过程中，它也能够起到非常重要的作用。

在此，我想举一个具有代表性的例子，来描述一下这种情愫究竟为何物？同时，供各位方家在思考相关问题时作为参考。事例的主人公是佐山忠先生。在得到他的同意之后，在此我就直接使用他的真名来叙说这个故事。

前田俊彦先生曾感慨"成田真是神奇的地方。我生活在这里竟能遇到像延安时期毛泽东一样的，有着同样风貌、体格以及说话方式的人"。那个青年其实就是年轻时代的佐山忠先生。

佐山先生于1943年出生在佐渡，18岁加入共产党，早在还是早稻田大学文学学部哲学学科的学生时，他就组织了一个具有划时代规模的早稻田大学民青组织。但是，后来他对共产党的方针产生了疑问，经过了16次被审问盘查后，最后被清除出党。1967年前后，他参与了砂川斗争，与此同时开始对中国产生了兴趣，尤其是特别钦佩、景仰毛泽东。1968年三里塚斗争日渐激烈，他便索性乔迁进驹井野部落。驹井野部落原本是以条件赞成派农民为中心的部落，佐山先生能够加盟这个群体，成为当地反对斗争的一员，确实不易。其间发生了几个令人热泪盈眶的故事。

佐山先生正式加盟后不久，便发挥了其积极作用。很多反对派农民朋友接受了他的形象设计，开展斗争之际，头戴他分发的毛泽东式帽子，胸前佩戴着毛泽东纪念章，冲在三里塚斗争的最前线。其中最有名的人物就是菅泽一利老者。菅泽老者胸前佩戴着毛泽东纪念章，手里高高举起书写着"坚决要求保留明治大帝达成伟业之地，下总御用牧场！"的旗帜，站在明治老人队伍最前列，其光辉形象给云集而来增援的青年大学生们以强烈的震撼。这期间的情况，在东峰十字路审判之际，热田诚先生所作的最终意见陈述里有生动的描述。

在那之后，在长达二十多年的时间里，佐山先生在三里塚盖了房屋，安家落户，以身体力行的方式直接领略着成田斗争的意义。他有独特的经历。他原本是学习哲学的，但为了弄清事实真相，又阅读了数量惊人的书籍，掌握了丰富的历史事实。他思想深邃，头脑清晰。与他交谈，我每每都能感觉到，在他身上有一种毛泽东壮志未酬时代的身影。从这位身居斗争第一线的哲人身上，我学到了很多东西。

佐山先生也是一个商家的老板。该商号十分特别，名叫三里塚物产，它的名字还算好听，但是，其实就是一家只有8名员工的腌菜工厂，把三里塚当地的农产品腌制加工后，做成腌菜拿到市场上去销售。该工厂出品的腌薤头极其好吃，因为三里塚物产采用的腌制工艺是当地自古流传下来的独特腌制法，俗称"滚腌"法。作为原料的薤头本身的栽培方法及其腌制手法，都巧妙地利用了自然原理，二者深度融合。这么一来，上等美味的腌薤头就诞生了。而且，员工都是反对者同盟的家属，据说三里塚物产还给东京一家大型百货公司供货。各位读者，请你有机会一定要品尝一下三里塚物产的腌藠头。此外还有俗称的铁炮腌菜。在品尝这些美味佳肴之际，也请各位方家思考一下三里塚斗争的意义。

为了保护人的尊严

迄今为止，我们大致地回顾了成田机场问题的历史。不过，我自始至终难以掩盖自己的不安，因为我担心自己是否遗漏了若干重要的事件，害怕自己对成田问题的本质的理解不正确。但是从这些简单的历史叙述中，我们也立即澄清了一件事情，那就是：成田问题归根结底给当地民众带来了决定性的负面影响。当地农民兄弟或许说不上在经济上很富裕，但是他们在精神文化上曾经十分卓越，过着优裕的充满人性关怀的幸福美好的生活，可是，由于政府突然出现，提出在那里建设机场，掠夺了他们的土地，彻底地铲除了他们生活的根基。无论当地的农民兄弟处境多么痛苦，怎么极力阻扰当局的强制性行为，政府依然最大限度地使用其国家权力，继续按计划掠夺土地，建造机场。

三里塚、芝山的农民为了维护自己的人格尊严，敢于以强大的国家统治机构为对手展开斗争，在这场斗争中很多人甚至牺牲了自己的生命。我们的确可以用"昭和起义"这样的词去形容它。然而，成田的农民斗争的意义不只局限在日本，它还唤起了世界各国有识之士的共鸣，引发了他们的连带意识。为了亲身参加这场斗争，很多年轻人都汇聚到了这里。在这些人当中，有不少人全程经历了25年成田斗争史，他们扎根成田，与这里的农民兄弟一起投身于这场历史性的伟大战役。成田机场问题不仅是成田机场周边区域的人们所关心的事情。面对专制的国家权力，为了守卫人性的尊严和灵魂的自由,反对者同盟的斗士们,毅然奋起。他们不惜赌上自己的性命,与体制方的淫威做殊死搏斗。这种斗争哲学已经成为他们每个人自身的生存方式,引发了广泛的共鸣,我们深深地为他们的精神所感动。与此同时,纵观成田斗争的历史,我认为,对于政府的态度及其所采取的措施,人们必须展开强烈的批判。

然而,25年的岁月的确过于漫长。笔者前面曾经就事业认定失效论做过论述,但由于历时太久,每个人的生存方式也好,社会整体的潮流也罢,都在这25年的时间里发生了翻天覆地的变化,人们对成田斗争曾经拥有过的共鸣,不知什么时候开始慢慢变得淡薄了,这场斗争所蕴含的社会意义也逐渐地被风化了。如此社会风化的最主要原因在于,日本社会整体的非伦理性、非社会性。就像"泡沫经济"所象征性地表现出来的那样,人们只一味地追求金钱利益、庸俗的物质利益与便利,而忘记了自己作为真正的人最应该采取的生活态度及方式。成田斗争的社会性风化最主要的原因就在于,整个日本社会日渐冷漠麻木,对反对者同盟队伍里的农民们的血泪控诉已经变得充耳不闻了。

然而,反对者同盟堡垒中的农民兄弟的内心里是否也发生了某种风化现象呢?针对国家权力的不正当行使,他们发起"起义",誓言保护土地,坚守自己灵魂,其主要目的都浓缩于"反对机场建设"这句口号中。但是,不知何时这句口号本身似乎已经变成了目的。总而言之,我们不能否认这么一个事实:成田斗争无论是在社会层面,还是在人们的心境上,都在日渐淡漠化。

但是,再也不能容忍成田斗争这样淡漠化下去了。这场斗争对日本经济社会的空洞化、非伦理化发起了强烈的批判和反抗,其磅礴的冲击力已经深深地刺痛着我们的内心,影响着我们每个人的生活方式。这已远远超越《土地征收使用法》的层次,不断地蔓延、深化,已经触及日本社会的基本结构、经济发展的方式,尤其是农业所具有的社会性、人性内涵,进而推及何为真正的人类生存方式这样的本体论命题。成田斗争对我们形成的巨大冲击力,能否大幅度地升华、完善,形成一种社会性潮流,对日本社会今后的存在方式造成重大的决定性影响,并能够将成果固化下来,这最终关系到成田斗争会以何种形式缓解并得到解决。我们究竟能不能找到一种既能体现反对者同盟各位成员的意愿,又能够"符合社会正义"的解决办法呢?我本人之所以介入其中,也是因为我希望能够尽己所能,为寻求到这种理想的解决途径做些贡献。然而,成田斗争的历史跌宕起伏、一波三折,情形局势错综复杂,而且成田机场问题的现状也非常严峻,寻求"符合社会正义"的解决办法,其作业难度之大,远远超出我们的想象。

正如前面所述,我是在运输省官员和反对者同盟的年轻人的鼓舞下,开始介入成田机场问题的。当时我心里暗暗发誓,要在认同反对者同盟的意见、主张完全正确的前提下开展相关工作。反对者同盟不仅在大的方面分为三个派别,而且在每个派别内部,立场观点也因人而异,成员们各自持有不同的意见和主张。所以,有不少人士向我指出,认为反对者同盟的所有人的意见与主张都是正确的,确实是荒诞不经的。针对如此批判性意见,我引用了拉纳的背理定律加以回答。阿巴·拉纳被公认为英国经济学家约翰·梅纳德·凯恩斯最得意的门生之一,作为经济学者,他的业绩恐怕已远远超过了其恩师凯恩斯,我始终觉得,他是生于20世纪的最伟大的经济学家。例如,早在20世纪30年代,他就已经开始倡导被称为"市场社会主义"的革命性思想,后来学界通称之为朗格·拉纳方式。

就是这位拉纳先生拉开了20世纪50年代关于公债负担大争论的帷幕。当时，拉纳从一个寓言开始阐释自己的理论主张。从前，在某个地方，有一位犹太教圣职人员，俗称拉比。有一次，一个叫A的人前来跟他论道。拉比对A说："你所说的完全有道理。"接着，前面一直与A进行争论的B也来了。拉比对B也同样说："你所说的完全有道理。"一直在旁观察事情经过的拉比的妻子此时说话了："你对A说A是正确的，对B说B是正确的。可是，A和B正争执不下，你所说的不是很奇怪吗？"于是，拉比对着妻子说道："你所说的完全有道理。"

同理可证，成田机场问题涉及面广，过程复杂多变，要想寻找到符合社会正义的解决办法，是近乎不可能的作业。因此，我觉得自己不得不采取拉比式的立场。

回到正题上来。究竟是否存在"符合社会正义"解决途径呢？正如刚刚所说的那样，对成田机场现状多多少少有一定了解的人，都会觉得这种解决途径肯定是不可能存在的。对此，我本人也并非没有同感。但是，在没有到达山穷水尽、不得不放弃的地步之前，我感到仍然有必要去认真地思考一个问题。这个问题对反对者同盟和支援团体的人们来说，是一个具有共通性的问题。质言之，民众的深切激愤和强烈的憎恨究竟具有什么样的实质内涵？就此，我们必须首先予以厘清。这种激愤与憎恨，其矛头指向自不待言当然是国家，尤其是运输省当局。所以，国家要拿出诚意来处理这件事情，认识到自己的错误，并及早改正错误。这是至关重要的。而且，国家也要认真考虑应采取什么样的措施或政策，去平息反对者同盟同仇敌忾的愤怒，并且我希望能够立即付诸实际行动。

5月28日的运输大臣声明，在长达25年的成田斗争史上确实有着划时代的意义,这无疑是一个巨大的转折点。它的出台无疑为寻求"符合社会正义"的解决途径创造了契机。但是,仅凭这个声明,还不足以平息农民兄弟的深切愤怒与激烈怨恨。打个比方,这就像是,我行使武力把你暴打了一顿,让你身负重伤,然后却承诺以后坚决不再动粗打你了。运输大臣的声明,就是这种恃强凌弱之后的缺乏真诚的所谓妥协。对迄今为止动辄诉诸武力伤害民众的行为,政府应该做出有诚意的谢罪和反思。而且为了予以受害者以一定的补偿,当局还需要采取实际行动,以资明鉴。反对者同盟的农民朋友们受到的伤害是深重的、巨大的。有不少人认为,无论当局采取什么样的行为、措施予以补偿,都无法平息他们的愤恨。近期将要召开的"公开研讨会"的主要目的,就是围绕反对者同盟的农民兄弟所持有的义愤是否能够得到平息这一议题展开讨论。如果可能的话,那么就要努力找出平息众怒的途径。5月28日运输大臣声明的一个至关重要的作用,就是给探讨这一根本性问题提供了抓手。

(1991年10月16日)

第六章

成田斗争的轨迹（5）

从前述系列文章付诸连载开始，我收到了许多来自读者的评论和感想。其中，也有不少读者来信出自亲身参与成田斗争的人士之手。这些来信都触及了成田问题的本质，而且字里行间洋溢着真情实感，我从中受益匪浅。本来我想就每位读者来信中提出的意见都一一仔细回答的，但是由于信件的确太多了，加之，大家的关切点有许多共通之处，所以在此归纳一下，统一以给 Q 先生写回信的方式作答。

致 Q 先生的信

您就小生发表于《世界》杂志上的《机场的社会成本》《成田斗争的轨迹》等文章，专程来函批评指正，在下诚惶诚恐，在此深表谢忱！贵函中有许多高深的见解，在此我想就您所指出的一些问题，作些说明。小生在前面的文章中已经陈述过一些大致相同的意见，重复部分恕不再赘述，本函主要想详细解释一下与贵函所赐意见存在异议的地方。

首先，我想要强调的是，小生在《机场的社会成本》一文中提到了社会成本这个概念。这绝不意味着要用金钱来衡量人的基本权利，也并不是主张通过金钱方面的补偿去解决成田机场问题。笔者在此使用的社会成本这个概念，是本人在二十余年前率先导入学术话语空间的（《汽车的社会成本》一书中有详细解释）。之后，这个概念为本行当引进了一种基本观点。为此，笔者凭惯性误以为"社会成本"的含义已家喻户晓，所以在发表于《世界》杂志上的系列文章里，未加充分说明便直接使用，从而造成了误解。

无论是公共投资还是民间投资，只要进行投资就必然会伴随社会性公共资本的利用乃至破坏。在此，所谓社会性公共资本指的是什么呢？为彻底保障市民的基本权利，必须生成与之密切相关的服务，而生成这些服务的稀少资源，就是社会性公共资本。对之，我们不能采用私有制管理形式，而要把它当作社会公有财产加以社会性管理。由此衍生出来的服务，也是依照某种意义上的社会性基准来进行分配的。我们将诸如此类的服务一般总体上称作社会成本。这一概念是用来衡量公共投资或者与一般性经济活动所伴生的各种各样社会性公共资本被利用、破坏、消耗、污染程度的尺度。

我想补充说明一点：社会成本这个概念不只限于现代经济学范畴，它已成为广泛应用于经济学理论领域的最基础性的概念。

鄙人认为，成田机场问题之所以出现，其原因之一就是，运输省在推进成田机场建设过程中几乎完全忽视了机场建设所产生的社会成本。问题的症结在于，当局没有适当地考虑在创业地域内拥有土地的居民，或者说在该地域里经营生计的广大民众的基本人权问题；在敲定成田机场的选址环节和征收建设用地的过程中，都没有事先征求前述民众的同意，而是完全无视土地征收使用环节应掌握的基本前提，强行推进基础设施建设项目。这些都是机场建设所衍生出来的社会成本中的主要因素。在进行机场建设之际，理所当然地要考虑到，它会给机场周边居民的基本人权带来巨大打击。关于这一点，我已在《机场的社会成本》一文中作过详细阐述。

我想再强调一下，当我们说起社会成本的时候，绝对不是指当地居民的基本人权或基本权利可以折算成金钱来衡量，或者说企图用金钱手段来处理极其复杂的社会问题。毋宁说，社会成本这个概念是一种尺度化的处世原则。既要顺利地推进机场建设，又不侵犯当地居民的基本权利。为此就必须强调这么一点，除了投入单纯的建设用地征收使用费用和基础设施建设费用之外，还需要额外花费一大笔费用，而这笔费用是应该用金钱方式去核算的。假如早在25年前就已经充分考虑到这些问题的话，那么，就不应该把新东京国际机场选址于三里塚，这也是我想指出的。

如果把这些社会性的费用考虑在内的话，可能就会有很多人试探性地唱反调，反对在东京附近任何地方建国际机场。此时此际，社会成本这一概念的功能也会显现出来。它会主张，没有必要在东京附近建国际机场，甚至根本就不应该建设机场。就这一点而言，在当今日本社会，产生最大社会成本的因素是机动车行驶问题。我想说，道路建设在日本全国范围内已经引起深刻的社会问题，市民的基本权利受到了形形色色的侵害，其产生的社会成本将会达到天文数字，无法估量。

有人指出，鄙人的《机场的社会成本》一文，就航空事业总体有可能造成的经济性、社会性的危害问题，还没有形成足够的认识。对此，本人表示虚心接受。刚涉足成田机场问题时，鄙人认为自己应该始终贯彻"中立的"立场。换言之,我在考虑问题之际,尽量不触及机场的反社会性、反人类性实质,以及空港所引发的经济的、社会的扭曲,不涉及空港建设给日本社会带来的非伦理化问题,质言之,也即没有探及机场所具有的社会性、经济性、文化性的毒副作用。这种认识是错误的,就此我愿意向大家坦诚地表示歉意。

关于系列文章《成田斗争的轨迹》等,我也受到了各方面的批评。首先,他们指出的问题是,我参与成田问题的来龙去脉是暧昧模糊的。

我涉足成田问题始于1991年2月23日,那天夜里,在位于飞机滑行跑道附近的"木之根"小屋中,我与以反对者同盟成员为主的一群年轻人深入讨论成田机场问题,这成了最直接的契机。其间的经过我在本书的第二章中已经详细介绍过。当时我还没有留意到反对者同盟已分裂为三个派别。同时,尽管此前我已经听运输省官员就相关情况作过说明与解释了。但是,那时我的观念里根本就没有关于地域振兴协议会及其主办的"公开研讨会"的概念。对我而言,成田斗争是广大民众对日本经济、社会、政治、文化各领域所存在着的腐败与堕落发起的严厉批判与抗争。对此,我由衷地感受到了共鸣。但是,在行动上我却采取了旁观者的态度。通过那场集会,我有所悔悟,有所反思。

再加之,当时我还抱有强烈的恐惧意识,担心政府会采取强制性手段。"木之根"小屋的集会之后,这些与我一起探讨过问题的、年轻的反对者同盟成员们,势必要被迫无奈地与人数占压倒性优势、装备齐全的机动警察部队展开殊死搏斗。自不必说,他们中肯定会有很多人受伤。在这种状况下,为了实现这些人的初心,为了寻求和平解决问题的道路,我下定决心,一定要尽己所能,坚守自己思想上、人格上的身份认同，与他们一起投身于这场斗争洪流之中。

为什么这么说呢？情况是这样的，这两三年我正致力于全球变暖问题的思考，探究的主要课题是社会性共同资本问题。此时成田问题进入我的议事日程，使我意识到，它将有可能帮助我在长期研究的重大问题上实现巨大的理论性飞跃。于是，我就下定决心，全力以赴投身于这项研究。当时我怀有一种焦虑心理，自己所剩下的时间不多了，必须豁出毕生的学术生命为此一搏。然而，当时我又担心，若是回绝了反对者同盟年轻斗士们的鼓动，我势必在心里留下难以治愈的伤痛。

在距今25年前，在同样状况下，由于自己的学识不够，再加上一些私心杂念，我辜负了许许多多年轻的杰出人士的信赖，回想此事，至今都怀有深深的创痛。美国陷入越南战争沼泽的整个过程中，鄙人一直任教于美国的某所大学。自1965年前后起，美军开始在越南战场上实施惨绝人寰、毫无人道的大屠杀。针对如此行径，以青年学生为中心，爆发了全美反战运动。我也被卷入这场浪潮之中，与许多过从甚密的学生肩并肩地加入了反战队伍。但是，不久我一个人临阵脱逃，跑回了日本。当时参加反战运动的学生几乎全部离开了大学，其中有不少人背负着深重的罪恶感，痛苦地度过了一生。

直到如今，对自己当时没有积极响应青年人的信赖的行为，我仍然感到深深的愧疚。于是，我发誓，这次一定不让聚集在"木之根"小屋的反对者同盟的年轻斗士们失望。虽然看起来几乎不可能寻找到和平解决成田机场问题的办法，但是这次我的感觉是，除了与反对者同盟的斗士们并肩作战之外，不会有其他办法。

如同预想的一样，一定会有人批判我与协议会的人有私下交易，所以答应参加"公开研讨会"。起初，我没有理解协议会是一个什么性质的组织——其实到现在我也没有理解透彻。当时以为反对者同盟的所有成员都会参加"公开研讨会"的。可是，事与愿违，没想到后来只有热田派的人参加，而且只是部分人到会。还有，我现在才明白，反对者同盟的三个派别，北原派、小川派、热田派三者间关系之复杂，是旁人完全无法想象的。因为在他们之间长期存在着历史的、思想背景的差异。

当时，我也完全不知道在"公开研讨会"上，热田派的人处在什么样的位置。但是，通过那天晚上与年轻人进行了长时间的交谈和讨论，我慢慢地了解到了他们试图通过"公开研讨会"这种形式，期待什么，想要实现什么。还不止这些，我最大的收获是，通过此次促膝长谈，我弄清楚了反对者同盟为什么要把强大的国家权力作为斗争的对象，居然与之进行了长达25年的艰苦斗争。我感到，这些足以让全社会明确地认可这场斗争在历史与伦理层面的正当性与合理性。因此，我得以追溯历史，弄清楚了25年前内阁会议决议出台的背景，或者说这件事情发生前后的来龙去脉；进一步澄清了当局与公团强制性测量、强制性代执行，机动部队实施强制性管理等事实真相；看清了当局及公团无视当地居民的基本人权，侵犯公民人格尊严等强权行径。同时也了解到热田派人士的初衷：为了维护农业生计，寻求人格独立与灵魂自由，必须拼死抗争。为了寻求广大民众对反对者同盟这些行为的理解，他们毅然参加了"公开研讨会"。

然而，协议会这个组织主要是以当地市町村及千叶县行政为中心建构而成的，所以，不难想象，由该机构牵头组织召开如此形式的"公开研讨会"未必妥当。其间的原委我也在第二章中简单介绍过了，我觉得自己无法胜任"学识经验丰富人士"这个名号去参加这种形式的

"公开研讨会"。至于其间的情况,我希望读者朋友通过5月21日我给协议会会长写的那封私人信函,多作了解,敬请大家给予谅解。

就这次协议会的情况,5月16日的全国各大报纸,尤其是面向全国发行的版面上,都有与我相关的报道。言语之间似乎给人这么一种印象:我本人已经同意以"学识经验丰富人士"的身份参加这次"公开研讨会"。会长阁下,正如您所了解的那样,此类报道与事实是完全相反的。由于出现了这些报道,我本人深受困扰,处境十分尴尬,很多人甚至对我的人格与诚信产生了怀疑。而这些报道,却是因您在5月15日召开记者招待会而引起的。对此,我谨向阁下表示抗议。与此同时,希望您就以下事项,向媒体记者们做出明确的解释。

一、在5月15日召开的协议会上,我一再强调:"我不接受协议会委任本人以"学识经验丰富人士"的身份参加此次由该机构主办的研讨会。"我还指出,本人受原田正纯先生全权委托,这件事同样适用于他。即他也和我一样拒绝此请。就此,在座的协议会的人士都表示理解。

二、我和原田正纯先生等人(也包括"学识经验丰富人士"候选人在内的其他各位)是完全独立于协议会的。我们一再强调,希望按照自己的意志与反对者同盟的每个派别的每个人都进行接触,通过了解每个派别每个人期望的方式方法、形态,去寻求理性且和平的、符合社会正义的解决问题的策略。而且,就此,协议会的各位人士也是表示谅解的。

1991年5月21日

宇泽弘文

但是，我们切身地体验到，一旦被新闻媒体报道了，之后就很难再撇清了。特别是在当时，反对者同盟已经向协议会提出了参加"公开研讨会"的前提条件，并且与运输省之间已经进入了具体操作环节。所以，已被提名为"学识经验丰富人士"候选人的我们，立场也是相当微妙的。不过，我们有着共同的问题意识。正如我在第二章中已经提到过的那样，我们认为成田机场问题不只与反对者同盟、运输省、公团法人、当地市町村县政府部门等这些直接相关者有涉，它与日本全社会都有着重要关联。这个问题最后以何种形式结束，将会对日本将来的存在方式产生不可忽视的影响。全国人民都希望成田机场问题最后可以找到和平的解决办法，我认为这是不争的事实。我们痛切地感受到，在目前这种状况下，我们必须以更加团结的姿态，寻求和平解决成田机场问题的办法，以积极的态度投身于这场运动之中。因此，我们（最初是隅谷、高桥、山本、宇泽4人）成立了"以厘清成田机场问题之成因，廓清其现状，同时，探寻符合社会正义的解决途径为目的的调查团"。虽然这个名字有点冗长，但是我们的宗旨是致力于寻求和平解决成田机场问题的途径。就在这个时间节点上，5月28日，运输大臣的声明出台了，这对我们来说有着极其重要的意义。它堪称我们前述调查团——后被称作"隅谷调查团"——得以存立的前提条件。

关于5月28日运输大臣声明的意义，坊间有各种各样的负面评价。不过，我认为这个声明正式表明了政府的立场，同时，从声明发表的来龙去脉考察，它也是值得信赖的。"谨承诺：为解决二期工程土地问题，无论出现何种状况，绝不采取强制性手段。"这句话不仅适用于反对者同盟群体与个人，对前来支援反对运动的个人或群体也同样有效。我之所以对此如此坚信，是有以下事实依据的。

1971 年 9 月，由于强行实施第二次代执行，政府受到来自全国范围的猛烈抨击。因为其手段之暴力和破坏之强烈都是史无前例的。其中，当局对市民小泉米先生所采取的暴力行为就是显例，此事已被全世界媒体报道，可谓家喻户晓。这是日本民主主义不成熟、国家权力过于专制的特写。由于此事的发生，世界各国对日本政府的信赖感急剧下降；在日本国内，也由于体制方对普通民众，尤其是农民兄弟暴力性行使国家权力，国民对政权政党的极度不信任情绪也快速蔓延。有鉴于此，千叶县知事一再强调表明，政府没有意愿对农民再采取强制征用手段。这种态度颇有感染力，我感觉到，至此对农民采取强制手段的做法，从国内政治的角度来看，事实上已经不再是处理问题的选项了。

于是，政府开始谋划新的招数。他们的判断是，假如将过激派集团从农民中切分出来的话，那么针对这些团体还是可以采取强制性手段的，所以，政府试图推动成田治安立法。然而，政府的这种蓄意图谋注定是要失败的，而起决定性作用的就是如下事件：1990 年 11 月，政府在横堀砦又行使了暴力手段，而且酿造了惨不忍睹的伤害。政府如今被社会、政治、伦理逼到了无法再使用国家暴力手段的地步了，还有在法律方面，事业认定失效也是有目共睹的。

在这种状况下，国家当局者中有人清醒地认识到，如果对于成田问题还继续采取强制暴力手段的话，将会带来巨大的政治风险。2 月末，运输省的官员说，在理论上法律是允许强制征用土地的，但是我们不打算采取强制性手段，而事实上根本就不存在这种选择性。

直到很久之后，我才意识到上述理解没有错误。

不管怎么说，5 月 28 日出台的运输大臣声明，在某种程度上还是让我们放心了一些。因为此事促使人们从长远角度来看待成田问题，借此，我们可以就此探寻一条符合社会正义的解决问题的路径。最初的尝试就是，由热田派提出召开一场公开研讨会。收到热田派的请求之后，隅谷调查团决定给予大力协助，以促成此事。

我想强调的是，这个公开研讨会的初衷，在于倾听反对者同盟和运输省等各有关方面的意见，并不是试图采取某种行之有效的方式，调解他们之间思想见解方面的纷争，也不是为了就成田机场问题探讨出什么具体的解决方案。公开研讨会的首要意义，说到底就是为了弄清历时25年的成田斗争的本质，并希望借此向日本社会发出呼吁，促使全体国民理解为什么反对者同盟和各支援者团体宁愿赌上自己的性命也要斗争到底。

我认为，若使用"昭和起义"这一词语来形容成田斗争就太合适不过了。它在历史上、社会上以及思想上都有着重要的意义。正如本人在本书第五章中所叙述的那样，我觉得现在已经出现一种令人担忧的现象：成田斗争业已开始社会性风化。为此，我产生了这么一个想法：眼下日本的经济与社会处于一种伦理上颓废、政治上反动的时代逆流之中，我们应该从全民族的角度重新思考成田斗争的实质，以此为实现日本经济社会的转型助一臂之力。同时，我希望在研讨会上，政府、运输省的代表能够承认自己滥用了国家权力，从而改弦更张，认真反思错误，并且向在斗争中牺牲的人士认罪道歉。进而政府与有关当局应该诚心诚意地讨论、研究反对者同盟以及各支援团体人士心中所鼓荡着的深切愤怒和激烈憎恨究竟能否得到平息？如果答案是可能的话，政府方面就得认真考虑应该采取哪些措施去平息，而且必须落实在行动上。

有人指出，三里塚斗争必将在更为广阔的层面上给日本社会带来正气，它是伟大政治运动中的一个重要环节，它会有效地阻止日本国家的军事化、日本政治的反动化以及经济的非伦理化逆流。对此，我完全赞同。除此之外，我还参与了水俣病问题、西淀川公害问题、陆奥小川原开发计划等众多问题的研究。其间，我目睹了日本社会各个层面的扭曲：国家官僚、政权政党、大企业集团狼狈为奸、沉瀣一气，四处随意侵犯市民的基本权益，全体民众难以维护自身的人格尊严。尤其需要指出的是，政府、自民党以及大型企业以汽车产业为杠杆，残酷地牺牲普通民众的利益，以达到少部分人贪婪地获取非法利益的罪恶目的。本人一直把这些问题纳入视野，当作终生关注的学术问题加以研究。因此，我毫不怀疑，在这种状况下，成田斗争已经成为具有重大意义的核心问题。

然而，25年毕竟是一段漫长的岁月，同样还是那群人，一直背负着如此沉重的问题。但是，他们隐忍以行，坚忍不拔地斗争着。面对这种情形，我不得不叩问，我们全社会究竟应该如何应对？难道仍然要冷漠下去吗？曾经担任运动领袖的许多人已经辞世，也有些人卧病不起；曾经年轻的那些青年行动队队员们如今也都各自成为一家之主了；斗争爆发初始出生的孩子，也有很多人已经完成学业，步入社会了。另一方面，政府、公团法人方面的当家人也换了一拨又一拨，如今是新人当政。就是在如此不利的状况下，不改头不换面的那群人居然能够勇武地正面迎拒国家权力这一巨大的阻力，坚持不懈地开展斗争长达25年之久！对此，日本社会究竟应作何思考？

反对者同盟的人们绝不是为私利而斗争的，而是为了敦促日本社会恢复人的尊严、灵魂的自由而战的，也是为了促使文化的蓬勃发展与稳定而战的。换言之，他们是在代表我们，也即全体国民，在与体制方展开一场旷日持久的代理人战争。我们应该给反对者同盟的全体成员发放文化功勋奖金,予以大力表彰。同时,我也觉得,年青的一代应该秉承传统,继续斗争下去。

对于大家的批评、指摘我无法全部回答,不过,只要大家能够理解在下的拳拳之诚,我就非常欣慰了。

(1991年11月1日)

公开研讨会在即

这次公开研讨会由反对者同盟和运输省双方共同举办、联袂出席。会议的召开在长达25年的成田斗争史上有着划时代的意义。一方面反对者同盟的人士可以在公共的正式场合,站在政府的对立面上讨论成田机场问题,这也为置身斗争状态中的当事人或群体提供了一个相应的平台。虽然不能断言这次的公开研讨会是否会为斗争结束开辟道路,至少能够将武力的对决变成理性的对话,因此它是世界史上政治思想转换中的一个重要转折点。

1985年,戈尔巴乔夫发动了新思维浪潮,出人意料地引发了东欧社会主义国家的崩溃以及东西德国的统一。随着这种思潮的不断高涨,1991年8月,以"八月革命"为契机,苏联共产党解体,而且苏联社会主义迎来全面崩溃,仿佛出现了世纪末现象。这次世界史性质的社会变革,已经超出了政治、经济、文化层面,它的出现已经引发思想上、人性上的危机。思想上的危机严重地反映在经济学领域,现有的范式已经全面崩溃,新的理论框架亟待建构,可是当下却见不到丝毫的可能性。

就现代经济学领域来看,无论是标榜自由放任主义的新古典派经济学，还是试图通过将国家财政与政策机能系统化而实现资本主义复生的凯恩斯经济学，在如此的世界经济的动荡期中，很早以前都已失去其有效性以及理论整合性。而且，眼下面对着社会主义全面挫折，尤其是苏联共产党被解散等严酷现实，就连马克思主义经济学也同样面临危机，从现实的稳妥性、理论的整合性角度来看，可以说其可信性也已丧失。我本人对凯恩斯的经济学也一直抱有疑问，对其理论上、思想上的妥当性始终在持续性地开展探究。此时此刻，我的内心非常不安，我在暗自呐喊："马克思呀，难道你也难逃危机？！"

现行的《土地征收使用法》，从经济思想的角度来看，可以说是凯恩斯主义思维方式被法制化的产物。如果用更为直截了当的语言来形容凯恩斯主义思考模式的话，那就是所谓的"哈维路线条件"。即作为统治机构的国家要比普通大众拥有更为渊博的知识和大局意识，所以凯恩斯主义者主张，要选择普罗大众所期望的政策付诸实施。日本的《土地征收使用法》的前提条件真可谓完全符合这一思维套路。成田问题之所以发生，在一定程度上就出于这种原因。基于凯恩斯主义而制定的土地征收使用制度，在非民主主义、专制主义的政治机构中被推进到了极限，从而引发了社会问题。与之情形正好相反的是，反对运动的思想政治背景里，存在着马克思主义的思考方式，它成为斗争的理论基础。这一点不容否定。在开展成田斗争的现场，究竟应该如何灵活运用马克思主义思想？应该采取什么样的形式把它具体化？如何把它建构成具有现实性的战术套路？就这些具体问题，由于情形极其复杂，形态各异，因此，统一战线内部甚至也出现了矛盾。对身为旁观者的我而言，更是难以理解反对运动的性质。

公开研讨会至少让我感觉到，我们已经告别了凯恩斯主义和马克思主义，它们一直是支配着经济学的两个幽灵。这次会议为我们解除了思想上的桎梏，为求解放创造了契机。

暂且不谈这类令人感伤的观察吧。那么，我们究竟如何把握公开研讨会的性质和功能呢？就此，给出最明快说明的是1991年10月15日《读卖新闻》（晚刊）上刊登的有关成田机场问题的座谈会，以及相关解释说明的报道。该座谈会的与会成员有身为反对者同盟代表的石毛博道先生，来自隅谷调查团的两位人士（高桥寿夫和我），另外，还有当地居民代表鬼泽伸夫先生（成田机场对策协议会会长，不属于地域振兴联络协议会）等4位人士。

座谈会上，我们自始至终反复强调，首先要明确一点：本次会议的召开是有先决条件的，即当局已经通过5月28日的运输大臣声明，正式地做出官方性表态，保证在任何情况下都不会使用强制性手段。我们是接到了如此表态后，才召开此次研讨会的。进而，我们又达成了一个共识：公开研讨会的目的不在于制定某种具体的调停方案，比如说，就二期工程用地问题提出一个具体的解决对策。反对者同盟在公开研讨会上主要想表达这么一种主张：要弄清楚反对派农民在这漫长的25年间持续开展斗争的目的何在？同时，要认清这些农民兄弟义愤填膺、慷慨激昂之愤懑情绪的性质。针对这些问题，在公开研讨会会议期间，我们期待政府表现出诚意，承认在成田机场问题发生、演变、持续、尖锐化的全过程中，政府与公团当局对农民所采取的非民主主义、专制主义的措施是错误的；在此基础之上，认真思考应该采取何种方法去平息众怒，安抚人心，而且要拿出切实可行的方案付诸于行动。

石毛先生对公开研讨会的基本性质所作的评价可谓准确到位。

他指出："民主协商是人类的睿智。东西冷战格局已经崩溃，这意味着武力解决问题的时代宣告结束，这个事实改变了每一位国民的思想意识。如果背道而驰，就会被国民所抛弃。所以，从这种意义上来说，哪怕研讨会最后没有达到预期效果，我们也要坐在谈判桌前，努力到最后。当事者双方要认识到前述时代已经来临，必须继续坚定信念，力争和平解决所面临的问题。"进而，石毛先生又立体地再现了本次公开研讨会的意义。他说："解决地域社会和行政机构之间摩擦的办法，就应该在三里塚出台，这正是本次研讨会的另一层意义。高度工业化所带来的危害，以及地方惨遭现代产业碾压的问题必须得到解决，而解决的方法就得在本次公开研讨会上被提出来。若是采取成田问题发生之初那种手法，就解决不了问题。哪怕多花一些时间，只要能够通过公开研讨会这种民主主义方式，树立一种范例，那么这25年的辛苦也就多多少少有些回报了。"

就是这样，经过双方协商决定：设立大会运营委员会，由该委员会着手准备相关事宜，计划分别于11月13日、21日、12月3日先后三次召开公开研讨会。然而，就在这个节骨眼上，发生了一件意想不到的事情，引发了严重事态，直接影响到公开研讨会的召开。其间的来龙去脉对了解成田机场问题的本质具有重要意义，甚至对我本人参与这个问题的探讨也有决定性的影响。所以，在此我想稍做详细解释。

11月5日，宫泽新政权开始施政，奥田敬和氏被任命为新一届运输大臣。同日，就职仪式一结束，马上就召开了记者招待会。会上，有记者提问道："前任大臣提出了不采取强制征用的方针，您是怎么看待的？"对此，奥田大臣不假思索地回答说："也不能永远等下去吧。"结果，奥田大臣的如此言论被迅速地在全国范围内做了报道,这对反对者同盟形成了强烈的冲击。

为此,当天深夜 12 时许,奥田大臣再次召开记者招待会。会上,又有记者追问:"当局以及前任大臣都已明确承诺,无论任何情况下都不使用强制手段。可是,看您的意思,好像是难以听之任之、放任自流,请问此刻您还是这种想法吗?"面对如此提问,奥田大臣说:"不,前任大臣按照那种想法找到了解决问题的出路,而且不是也取得相应的成果了吗?对此,我表示赞赏。但是,对前任的一些说法,我本人不能全部予以肯定。……如果是你的话,你会怎么想?仅仅为了那剩下来的一坪土地,你开出了这样那样的条件,可是,仅仅为了那最后一坪土地,国民用血汗钱交税所作的巨大投资,却永远见不到天日。事已至此,你还能够说自己束手无策吗?"对此,记者又抢白道:"但是,当时书面上是这样写的……"闻听此言,大臣不耐烦地回应道:"我无法回答啦。好吧,就这样吧,我们努力,尽全力……怎么样?得了吧?"于是,记者招待会匆匆结束。

从某种意义上讲,可以说第二次记者招待会给人造成的影响更加深刻。就当时的氛围来看,反对者同盟成员自不待言,以新闻记者为代表,迄今为止对事情前因后果有所了解的人们反应也十分激烈。与其说该大臣的话语方式与态度让他们产生了激愤,毋宁说他们完全被其行径给惊呆了!于是,反对者同盟方面立即发表声明,对奥田发言予以批驳,并提出强烈抗议。进而做出强硬姿态,要求政府撤回奥田发言,再次确认 5 月 28 日出台的运输大臣声明,否则,将坚决抵制公开研讨会。

后来,奥田氏通过电视访谈等形式一再强调:"我与前任大臣态度是一样的,都希望和平解决问题。政府的姿态是,绝不使用强权、强制手段处理问题。"可见，事实上他已经撤回此前的发言。而且，在 11 月 8 日举行的记者招待会上，他又表示："此前让反对者同盟的各位产生误解了，谨表歉意。"同时，对反对者同盟的声明作了回应："我根本没有试图去改变前任大臣的方针。我承认平成三年五月二十八日的运输大臣声明。为了和平解决成田机场问题，我将充分遵守至今为止的路线。"

我个人觉得，奥田大臣的最初发言已经给反对者同盟带来了巨大的打击，无论后来怎么修正、怎么撤回、怎么道歉也无法挽回其恶劣影响。不过，后来我的认识有所转变。在 11 月 7 日召开的隅谷调查团会议上，运输行政方面出席人员的结构有这么一个特征：具体行政官僚发挥主体作用，大臣也无法采取干预行为，而且运输大臣对同盟做出的回应事实上意味着收回了此前的不当发言。基于这两个事实依据，我本人做出让步，同意调查团大多数人的意见，认为 5 月 28 日的运输大臣声明已经得到重新确认。这件事对我本人之后的处境也有影响，关于这一点，稍后再谈。

针对奥田氏的前述想法，反对者同盟方面理所当然地予以强烈反驳。结果，原定 11 月 13 日召开的第一次公开研讨会就被中止了下来。

其间，政府当局感到了问题的严重性，试图挽回事态。最终，在 11 月 15 日的内阁会议上，运输大臣奥田氏再一次确认了 5 月 28 日运输大臣声明的有效性，承诺尽全力和平解决机场问题，并与有关方面达成了谅解。至此，事实上反对者同盟在抗议声明中所提出的要求，政府几乎都予以了肯定答复。于是，双方正式决定：第一次公开研讨会于 11 月 21 日召开。

成田斗争的本质

　　成田斗争的本质是什么？那些农民兄弟们为了保卫自己的农业生计，维护自己的人格尊严，竭尽全力、艰苦卓绝地斗争了漫长的25年，这是千真万确、无可争辩的基本事实。但是，就在11月9日夜晚，我一边听取反对者同盟人士的批评意见，一边在内心深处受尽了自责的煎熬，因为此时此刻我才意识到，迄今为止我对成田问题的本质的理解是错误的。我感到，毋宁说或许这样评价自己更为妥当：打从事情的一开始，就占据了我内心的那些观念、想法，多半已经形成无意识，在我的内里潜在化了！

　　令人意想不到的是，11月5日奥田氏的发言让我眼前一亮，陡然看清了成田斗争的本质。那天晚上，反对者同盟一位人士的发言可以说高屋建瓴地概括了成田斗争的本质。运输大臣奥田氏的发言暗含着政府有可能会采取强制代执行手段的意思。他能够不经意间脱口而出说出这番话来，足见其意义之重大。至今为止，为了镇压反对运动，政府一直都是在不同场合说不同的话。其实，在政府当局的内心深处，作为解决问题的最终手段，是不会放弃强制性措施的。政府的真实意图，不料居然被刚刚走马上任的运输大臣无意间的发言给暴露了，这是我必须予以指出的。迄今为止，我们一直被谎言蒙骗着，仅仅凭借运输大臣轻描淡写地说一声撤回发言，就放其过关，这是万万不可的。有了这次轻而易举的撤回，就保不准哪天又会发生撤回此次撤回的情况。应该说，我们必须理所当然把这种可能性当作一种必然去考虑。

　　反对者同盟对政府怀有强烈、深切的不信任感。加之，长达25

年的反对斗争的风风雨雨，给人们的心灵深处留下了难以愈合的巨大创伤。为此，我们只能认为，运输大臣单方面撤回不当发言，已经无法收拾残局。不仅如此，毋宁说如此做法更加深了反对者同盟对他们的不信任感。在隅谷调查团召集的会议上，我刻意回避锋芒，造成了半途而废的妥协局面。而对反对者同盟的成员们来说，如此要滑头式地规劝他们采取妥协态度，是令人无法接受的。因此招致他们的强烈不满。他们也向我表达了不信任的情绪。就像我前面所说的那样，我之所以义无反顾地投身于成田斗争的湍流旋涡，完全是出于反对者同盟对我的信任，这种信任支撑着我们之间的同盟关系。至少，正因为有着相互间的信赖关系这一前提条件的存在，我才会以自己的方式介入成田问题这个我完全未知的领域。

11月9日晚上，在反对者同盟召集的集会上，我了解到他们已经对政府完全失去了信心，而且他们每个人的内心深处又受到了一次更大的伤害，因此我更加同情、更加偏向于他们了。他们每个人身上都有着高贵的精神，这支撑着他们同日本的腐败、低俗观念意识相抗衡。成田问题在某种意义上象征着日本的悲剧，我对自己至今为止没有正确理解问题的核心，没有抓住成田斗争的意义而感到惭愧。

成田斗争最大的问题，用一句话来说，那就是日本政治权力的腐败。成田斗争是从25年前的内阁会议决议肇始的。这个内阁会议决议属于政治性的决议，是当时支配着日本的国家权力的具体体现。国家权力的功能原本应该是为民服务，为维护每一位公民充分享受作为公民的最基本权利、保护人性的尊严而创造条件。然而，当内阁会议通过决议，批准新东京国际机场在三里塚建设的方案时，从中我们丝毫没有看到国家权力对国民的关心。我们也不知道在成田斗争的整个过程中，执行政府决定的政策负责人是如何理解国家权力的。

曾经，美国总统尼克松做过几件寡廉鲜耻的事，之后，他被赶下了台，也遭到了来自新闻工作者们的激烈批判。人们经常说"Power Corrupts Men"（权力使人腐败），而尼克松总统被人称为"Men Corrupts Power"（人让权力腐败）。日本的政治状况也一样，国家权力原本的目的和功能是为了构建安定的国民生活、保障安全、形成健全的经济社会文化而存在的，而现在变成了只维护一部分人群的社会、经济、产业权益，却几乎不考虑由此引起的对全体国民的不利影响和社会不安定因素。所以成田斗争就表达了普罗大众对私有化、恣意妄为的国家权力的抵抗和抗议。然而，此前我一直都没有注意到这一点。其实与其说是没有注意到，还不如说因为对国家权力有着恐惧感，所以一直没有勇敢地去面对这方面的问题，为此我觉得自己有失研究成田问题的资格。

昂山素季曾写过一篇寓意深长的题名为"免于恐惧的自由"（《世界》1991年9月刊）的论文。该论文阐述了大多数缅甸人都熟知的四种腐败：贪欲之腐；褊狭之腐，因敌意或愤怒而刁难自己所憎恶的人；愚昧之腐，因无知而步入歧途。而第四种腐败则是诸种腐败形式中最为恶劣者，或许当属恐惧之腐。囿于对国家权力的恐惧，导致无法正视成田问题本质，因而无法回应反对者同盟的信赖，这就等同于陷入了昂山素季所说的恐惧之腐。我就曾经坠入了罪恶的深渊无法自拔。

10月15日的《读卖新闻》座谈会上，石毛先生发表了以下言论："昭和四十六年第二次强制代执行后，颤抖着将吊在树上的三宫文男先生松解下来时，我就发誓绝不能这样不了了之。"石毛先生无疑对国家权力的庞大、无情、冷酷有着透彻的领悟，他在其他场合也表述过了自己的批判意见。在面对国家权力所造成的恐惧之时，石毛先生表现出了绝不动摇地与之对抗的勇气，以及绝不让这种勇气化为乌有的政治觉悟。

在我第一次访问西安的时候，第一个到达的地方就是八路军办事处。八路军办事处是抗日战争中把年轻人送往延安的中转站。当西安完全被蒋介石国民政府掌控之时，想要参加抗日战争的年轻人就得先冒着被蒋介石政府监控的危险来到西安，然后才有机会去延安。这里可以说是中国革命的一块圣地，这个八路军办事处的指挥员就是周恩来。他在办事处工作时所使用的房间中，至今还挂着他年轻时候的照片。这些照片反映出伟人所经历过的浓厚的艰辛和苦恼，而这从他老年时期的风姿中是完全看不出来的。在中国革命的领导者中，没有人能够超越周恩来，他是一位最受全国人民爱戴、有着卓越政治判断力的领袖。在久久地凝视周总理年轻时的照片之际，我不禁产生一种往事如昨的感慨。

石毛先生的风姿、说话方式、一举一动完全酷似年轻时代的周恩来。2月的那个晚上，在"木之根"小屋里，当我与反对者同盟的人士们促膝交谈之时，我就觉得石毛先生非常像周恩来，甚至有种错觉，觉得这个"木之根"小屋仿佛就是八路军办事处。

把反对者同盟的人士比喻成诸葛亮、毛泽东、朱德、周恩来，绝对一点都不夸张。关注成田斗争全过程的反对者同盟的勇士们，个个都具有博大的胸怀与远大的见识，而且兼备缜密的思维与敏捷的行动。或许可以说，全日本最杰出、最优秀的年轻人都聚集在这里了。西方自古就有这样一句谚语，问题的困难取决于人的度量与见识，成田问题就是一个典型的例子。在与他们接触的过程中，我回想起了自己高中时代橄榄球队的伙伴们。橄榄球可以说是所有运动中最豪放、最有魅力的运动，橄榄球队中人与人之间的关系也是爽快单纯的。一次次的传球取决于密切合作的团队精神。在这一年的时间里，我与反对者同盟及其相关援助团体的人士之间的来往极其密切，就如同原来橄榄球队队友之间的关系一样。

在第五章中，我提到了成田问题的淡漠化或者说风化问题，提到了针对国家的不正当、不合理行为，反对者同盟的民众为了保卫土地，保护自己灵魂揭竿而起，发起"昭和起义"。以往，这种反体制精神始终融汇在"反对机场建设"的口号当中，但是，其精神实质于今会不会在不知不觉中逐渐淡漠，仅仅剩下"反对机场建设"的口号了呢？然而，事实证明，这只是一种表象，在9日深夜，在与反对者同盟人士谈话的过程中，我依然还能够深深感受到他们身上的斗争精神。我不敢断言公开研讨会经历了什么过程，会达到什么样的结果，但是毋庸置疑的是，以石毛先生为中心的年轻的斗士们会并肩作战，为了取得最后的胜利，他们将斗争到底。

（1991年11月16日）

第七章

以德政革新

三里塚芝山联合机场反对者同盟提出的公开研讨会，经历了迂回曲折后，终于在 11 月 21 日召开了第一次研讨会，后来又陆陆续续召开了好几次。在第一次公开研讨会上，石毛道博先生详尽阐述了反对者同盟的所有意见，即明确成田斗争的历史意义以及对成田问题必须要寻求到符合社会正义的解决途径。

以德政革新

三里塚芝山联合机场反对者同盟

序言——从心情说起

这个夏天，从 8 月上旬开始到 10 月，北总台地一共迎来 4 场台风，整日整夜电闪雷鸣、风雨交加。平日里辽阔富饶的田地和美丽的沼泽湿地，由于这 3 个月的大雨再加上这里原本因地势的缘故排水效果就不好，很多田地都长期被水淹没浸泡着，一派汪洋景象。水稻收成不好的消息已经传遍全国，还有原本北总台地引以为傲的白萝卜、胡萝卜、白菜等农作物的收成也受到了巨大的影响，侥幸躲过浩劫的农作物也不知今后还能否正常生长。

今年的台风，让我们这些经常领悟大自然各种变幻莫测的农民都为之一惊，再一次感受到了大自然的恐怖。无论这个世间的科学技术再怎么万能，但在大自然面前人类依然渺小，在自然灾害面前依然会崩溃。科学的进步并没有让我们了解世界，反而是科学越进步，自然就越是向人类敞开更深邃的未知世界……此时此刻，这种感觉喷涌而来。

得知遭到台风的袭击之后，果蔬市场、农业协会的负责人，还有产地直销人士纷纷打来电话，希望我们能够尽可能地准确告知今年年末蔬菜的供给量。今年天气方面的不利因素确实给我们带来了沉重的一击。

我再一次意识到，我们的农耕和生产活动不仅仅是我们自己家庭生活的基础，还是许多消费者赖以生存的支柱。农耕和生产活动最为依赖的就是土地，而且土地并不仅仅是属于我们个体的私有财产，它也是养育芸芸众生、供大家共同生活所用的土地，是维系人类生命的最起码的社会公有财产。

二十五年的遗憾——参加研讨会之际

政府当局与反对派之间直接进行对话的公开研讨会现在终于召开了。自新东京国际机场即成田机场成为问题以来，这样的会议尚属首次。身为当地农民的反对派成员，对于在时至1991年的今天才召开公开研讨会是深感遗憾的。正如前面我反复讲到的那样，在长达25年的反对机场建设的斗争中，运输省与相关居民及相关市町村等级别的政府机构之间始终没有举行过正式协商。事实上，像今天这样的公开讨论，早在确定机场选址之际就应该召开。

如果1966年就召开这种公开研讨会的话，我们就不会失去无可取代的朋友，也许就会减少这里的村落所经历的无法言说的痛苦。同时，对于国家来说，也就不会白白牺牲了警员的生命，也不会浪费那么多国民的税款了。

想到这些，我感慨道，现在在这里召开的公开研讨会是"晚了25年的"研讨会。由于行政层面毫无底线的急慢，造成了数不清的悲剧，特别是政府当局运输省的官僚们要时刻铭记这一点。

问题出在哪里——"揿错了按钮"与"不许争论的强行政策"

众所周知，成田机场问题源自内阁会议做出决议的行为过于武断。从富里、八街方案的提出，到三里塚方案的锚定，当局都是在完全没有对当地居民进行解释说明的情况下，突然做出决定的。如此非民主主义的行径给当地居民造成了巨大的打击，带来诸多难以名状的焦虑。

尤其是住宅与土地位于机场建设规划用地内的大多数农民，原本由于面临战后粮食危机的困扰，他们只好迁徙到国家给他们安排的地方，于是他们成为成田地区的开垦农民。他们千方百计战胜艰难困苦，努力增加粮食产量，为国家粮食生产和农业的发展做出了应有的贡献。可是，在太平洋战争如火如荼地进行过程中，他们被政府驱赶出祖国，离乡背井赴异国他乡谋生，结果把自己的宝贵的青春都耗费在日本帝国主义所发动的侵华战争及东南亚侵略战争中，个中心酸痛苦只有他们自己知道。一张入伍通知就剥夺了一个人的一生。战争结束后，眺望着荒芜的国土，瞅着嗷嗷待哺的孩子，他们再一次接受了国家的要求，来到成田地区开垦御用牧场的解放地。在没有农业机械的年代，他们手中的农具仅仅只是简易的锄头。可是，他们就用这小小的锄头，从日出到日落，披星戴月，一点点地砍伐，一片片地开垦，终于将森林改造成了农地。

然而，建设机场的噩耗又突然降临这里。为国家辛勤劳作的农民们，又因政府要建设机场而不得不"滚出"这块土地。家住东峰部落的染谷先生回忆起当时的情形时万念俱灰。他说："好不容易有点田地的样子了，可是机场又来了。"还有一个农民这样说："兵役""开垦""机场"，完全都是国家翻手为云覆手为雨的闹剧，却使我们深深陷入了"三次兵役通知"的深渊之中。为此，农民们困惑了，他们感到深深的焦虑，最后终于愤怒地咆哮了。

开垦农民和噪声地区的农民，集合在一起组成了机场反对者同盟，多次向当局请愿，反复地进行陈情活动，强烈要求政府当局及运输省重新考虑机场选址。但是，政府当局及运输省对农民置之不理，强硬的态度从未改变过。

这就是"拒绝一切对话"（不许争论）。

6月22日，佐藤·友纳会谈之后时间仅仅过去10天左右，政府内阁就下达了实施三里塚方案的决定。这赤裸裸地暴露出政府及运输省当局完全无视相关民众呼声的强权姿态。

政府当局及运输省的态度在这25年间，换言之，即强行推进成田机场建设的过程中，始终是一以贯之的。"撤错了按钮"

第七章 以德政革新 137

的选址决定和"不许争论的强行政策",是造成持续了25年的成田机场问题显现出各种扭曲变形的最根本原因。

我举一个现成的例子,来解释一下机场建设过程中的突出问题吧。那就是政府在对小泉米实施强制代执行的事情上,就采取了禁止争论的做法。1971年9月20日,千叶县公布了"今日不实施代执行"的安民告示。可是,就在反对者同盟刚刚撤防之后,当局却欺骗性地强行执行了代执行。他们强行将正在进行稻米脱壳作业的小泉其人驱逐出户,随即捣毁她家的房屋。所谓"今天不实施代执行",其实就是千叶县政当局对同盟支援者所采取的战略性驱逐手段。这对小泉家来说简直是灭顶之灾,不仅意味着她失去了早已居住习惯的家园和赖以生存的田地,被迫离开经常去拾柴的后山和家门口那条可以心情舒畅地洗衣浣纱的河流等自然环境,还意味着她被切断了与所有乡亲好友进行联系的渠道。

机场公团法人企图用90万日元的保证金换取小泉老婆婆全部的生活,把老婆婆迁徙到位于富里町的一个小小的预制板盖成的简陋的房屋里。一个老婆婆生活在完全陌生的环境中,而且与世隔绝,她该怎么生活呢?

代执行实施完毕的两年后,小泉婆婆因得了不治之症,又不得不搬回到由反对者同盟在东峰部落里搭建的预制板房屋中居住。我们安慰她说"能回家真好",她也喃喃地应着"真的好想回家啊"。对小泉来说,她原本坐落在取香部落的家就是在代执行中被政府摧毁了的。具体地说,1972年4月,政府因机场通航强行拆毁了小泉婆婆的家,而机场实际通航是在小泉去世4年后,即1978年的5月。

这25年间,政府当局行政态度之傲慢已经司空见惯。他们无视人间常情，不考虑人与人、人与自然的密切关联。无视我们作为人类的存在价值，践踏我们作为国民的基本人权，执意强制推行那个漏洞百出、完全缺乏现实可能性的国际机场建设计划，不知道浪费了国民多少钱财。我们深感疑虑的是，在这些事情的背后，究竟隐藏着政府怎样的一个决策体系呢？

"摁错了按钮"和"不许争论的强行政策"为什么能够付诸实施？对此，我们要一一弄清楚。此外，为什么那些荒谬的行为能够被一再推行，也必须彻底地予以厘清。这些就是本次公开研讨会的课题和目的。

为什么要召开公开研讨会

事到如今已经无法使用武力解决成田机场问题了。

我们之所以欣然同意参加这次公开研讨会，是因为事态的演变已经到了双方用武力也无法解决成田机场问题的地步了。

理由一，从1969年12月16日成田机场事业进行认定开始，到现在时间刚好过去整整20年。从各种状况来看，政府已经不可能再强制性地征收当地居民的土地了。虽然政府不承认事业认定失效，但是后来对事业认定问题的处理，其要点在于政府本身实际上已经知道强制性征用土地已经成为不可能的事情。

同年11月30日，在会议的公开提问答辩环节，当时的运输大臣江藤氏曾这样剖白道："我承认，当时决定机场选址于成田，事先没有与当地居民充分沟通，也没有去努力尝试取得相关民众的理解。结果便在一部分土地所有人没有同意的情况下，就草率动工，为此才导致了今天的土地征收使用问题，对此我感到深深的歉意。"

由此，大家对政府当局恃强凌弱、强行掠地这一丧失社会道德的行径已经心知肚明了。

理由二，我们是生活在这块土地上的主人。

在这种状况下，农民和政府之间形成了彻底的对立关系，不管到什么时候，二者都是互相对抗、互相睥睨的。最后双方各自又能得到什么呢？如今成田机场被左一层右一层的铁丝网和警察机动部队紧紧包围着，像军事要塞一般被森严壁垒地守卫了几十年，为此，日本已经在全世界人民面前丢尽了脸。原本已经征收完毕的二期工程用地，已经完全荒芜废弃了吧？还有，千叶县及其周边的各自治体，他们无法决定机场的形式与未来，也无缘挤进利益板块化的地域开发计划，只得在利欲念头驱使下胡乱地进行开发。如此非理性的利益驱动行为只能够带来区域土地的持续性荒废。大家可以看看，这些年来，土地价格飙升得何其荒唐？无良商家对土地的利用是何等地无孔不入！

对此，我们绝不能坐视不管，因为不论成田机场向何处去，我们都必须在这片土地上继续生活下去。

理由三，显而易见，全体国民都希望成田问题能够和平解决，无论是东西冷战结束，还是中东和平会谈，可以看出世界的主流是趋向一致的，人类都崇尚和平。这样的主流给作为当事者双方的反对派民众与政府一个启示，我们也必须力求和平解决成田机场问题。我们要把这25年间所发生的一切事实都清清楚楚地告诉大家，其间，政府都做了些什么，我们为了什么而斗争，成田机场问题的本质是什么，等等。

"放弃强制征用土地"是政府绝不动摇的态度

为了解决公开研讨会被赋予的课题,达成预定目的,我们提出了参加的前提条件。概而言之,那就是"运输省在二期工程土地征收使用问题上,应承诺无论在任何情况下,都不采用强制性手段"。

5月28日,运输大臣村冈就"放弃强制征用土地"的要求给予了回复。他声称,政府将会采取和平的手段努力解决成田问题。运输大臣撤回了记者见面会上的发言,而且5月28日他所做出的答复也重新在内阁会议上审议通过。总之,这都意味着政府在国民面前明确表明了"放弃强制征用土地"的承诺,换言之,不行使武力是政府绝不动摇的基本态度。

隅谷调查团的各位、千叶县政府、周边相关自治体的各位代表,以及地域振兴联络协议会的诸多人士,皆非常感谢政府能够做出这样历史性的决定,认为该决定值得高度赞扬。

公开研讨会不是讨论二期工程用地问题的平台

我们提到"要把公开研讨会当作一个可以互相交换意见、讨论问题的场所"。之所以特意将原本理所当然的事情一再加以强调,是因为很多人误以为,参加公开研讨会是为了解决二期工程土地征收使用问题。政府当局及机场公团法人为了通过协商谈判解决未获得收购权的土地问题,曾单方面散布过"公开研讨会"等于解决"用地问题"的消息,但实际上,这并非我们的初衷。

政府与我们反对派之间依然处于休战状态。我们想质问政府的是:"为什么机场选址一定是成田?为什么不向当地的居民广而告之？为什么以不许争论为前提建设机场？为什么在毫无希望取得用地的情况下就开始二期工程？如此等等……"现在你们对这些问题是怎么考虑的呢？

政府没有反思这 25 年间的非人道行为，也没打算就所造成的悲惨事件进行道歉，他们试图就这样稀里糊涂地与我们握手言和，进而还想通过讨论协商解决二期工程用地问题。告诉你们，这绝对不可能！公开研讨会不是讨论协商二期工程用地问题的场合。用地问题早已错综复杂、扭曲不堪。它是成田机场问题的根源所在。隅谷调查团答应了我们的提议，发表声明："公开研讨会的宗旨是查明成田机场问题的成因，了解现状，努力寻找到符合社会正义的解决办法。"我们同意隅谷调查团的立场，期待公开研讨会取得预期成果。

我们提出要"保证反对者同盟与运输省处于对等的立场上"，是因为要确保在研讨会上立场与势力明显不对称的双方能够进行切实且正确的讨论。这同样意味着，"研讨会上，如果无法进行正当的、富有成效的讨论，我们有权随时拒绝与会"。

何为公开研讨会所寻求的真正对等的立场

例如，事业认定问题，根据 21 年前的事业认定处理方式，机场用地内农民的所有财产都将被冻结。不允许改变土地的形态，房屋的整改修建也受到很大的限制。而且，当局还随意地将规划用地称为"危险区域"，用有刺的铁丝网围起来，进出规划用地的人员，不管是居住此地的住户，还是来访客人，都要一一接受安全检查，甚至连接送孩子上学放学也要受严格盘查。最近，应广大农户的强烈要求，一部分地区终于解除了监控，但是规划用地内农民的基本人权、生活权、生活环境还是受到严格控制,可以说情况基本上还是没有改观。

前述这些土地及房屋在20年前就已经通过判决被强制征用了,反对者同盟已故石桥政次委员长这样说道:"政府对无辜的农民兄弟,不分青红皂白地就把他们判处了死刑,送上断头台之后,却又把他们放在那儿置之不理,政府有没有考虑过他们的心情,他们的感受?"

"放弃强制征收使用土地",按照"对等的立场"原则规定中的第一条就说不过去。实现"对等的立场"至少要保证以下两条:

一、取消对规划用地内农民基本权利、社会活动的限制。政府勇于承认这个一直让农民处于水深火热状况中的行政、法律上的根源——事业认定失效。

二、政府承认无视居民意愿的机场选址决定是偏颇的;采取强权手段,毫无商量余地地推进机场建设的决策是错误的;今后不再侵犯农民的土地、权利、生活,并且向全体国民提出"重新评估包括二期工程在内的机场建设计划的可能性"。

中止二期工程　实现区域社会重建

通过研讨会这种方式保障当事人双方地位相互对等,实现和平对话,就能够打开通往和平解决机场问题的大门。我们现在正站在这个具有历史意义的大门前,正在想尽一切办法去打开这扇大门。因此,为了和平解决成田机场问题,我们在研讨会上提出以下几点意见:

① 25年机场反对运动的意义;

②事业认定失效论；

③二期工程废弃论以及批判航空行政；

④二期工程用地及其周边区域的重建计划。

我们和盘托出这四点主要意见，主要采取讨论协商的形式与运输省方面共同探讨，目的是希望以此让国民了解成田问题的本质。

公开研讨会的另一个意义——找到国家与居民对等的新起点

在接下来的公开研讨会上，我们旨在弄清楚：成田问题为什么变得如此纠缠不清？为什么持续造成各种不幸？运输省对自己"摁错了按钮"、实施"禁止争论强行推进政策"这些荒唐的做法，在25年间居然没有丝毫的反省，其根本原因何在？在运输省没有改变其态度之前，我们也不会接纳任何机制性或制度性安排。我们是抱着必死的信念来参加这次研讨会的。因为如果我们无法有效地利用这次机会，疏忽了成田问题扭曲的根本原因，无法促使国家反省自身过失的话，那么，很显然，国家又会在某些问题上采取避重就轻的政策，从而造成更多人的不幸。我们希望成田机场建设带来的种种不幸不再在日本、在亚洲地区重演。

回想百年前爆发的自由民权运动，当时的社会精英们每个人都在认真地思考着国家的发展方向，以负责任的态度发表各自的独创见解，并共同起草了日本宪法。至今依然有法律效力的许多自主宪法就能够充分反映出民众与国家是站在对等的立场上，享有着相同的发言权。但是，民权运动被镇压后，国家与民众就形成了上下关系，民众的存在，一切都是"为了国家"，始终需要"克己奉公"。我们十分清楚，从日本在太平洋战争中失败，到政府行使国家权力，无视居民的意愿，随意决定成田机场选址，这些都应该归因于自明治时代以来一直传承下来的"国家至上"的传统意识。

如今世界已经发生天翻地覆的变化。有些国家依靠强大的国家权力肆意妄为，结果与国民之间产生了背离，这些国家的民众就缺少活力，最后势必导致国家分裂瓦解。现在是那些习惯于使用武力去控制民众的国家，通过对话来打开新世界大门的时代了。我想说的是，正因为我们身处这个时代，所以必须要从根本上改变国家的陈旧观念，从前那种认为"公共事业即国家利益"，为此不惜"限制国民的权利"，甚至采取牺牲民众权益的态度是大错特错的。所以，我觉得"指归在动作"，哪怕晚了一步两步也没关系，通过努力促使对立双方达成一致向前迈进的共识，正得时宜。我们有理由相信，新的时代即将到来。

我们希望，以此次研讨会为契机，形成一种默契：无论国家实施何种计划，都会考虑到国民与国家之间的对等关系；国家尊重这种关系，并与国民进行认真讨论协商，最后达成一致意见，形成共同意识。

我们的基本主张：
机场问题不仅仅是 8 户农家的问题

我们打算在这次研讨会上，首先要为实现与政府及运输省之间的"对等的立场"与后者展开辩论；同时，就我们农民为什么要反对机场建设这一现实问题，与与会各方进行重新讨论。

我们要求运输省及机场公团法人必须更正此前的主张，撤回"导致成田机场二期工程无法顺利展开，其原因是机场规划用地内8户农民不同意进行土地收购"这个错误言论。运输省及机场公团法人曾大肆散布不实之词，试图把二期工程无法落实的责任转嫁给反对派农民。事实果真如此吗？"不同意进行土地收购"，听起来，仿佛那8户农民就等同于卖国贼了。但是，事实上，那是这8户农民兄弟对运输省"摁错了按钮"的强行政策所采取的抗议与抵抗行为。

成田机场问题原本就不是仅仅局限于那1060公顷所谓的机场规划用地范围内的问题，其所涉及的物理空间要远为广泛。当局在划定事业认定范围时就故意遗漏了机场通道区域，且其他相关区域面积多达机场占地面积的8倍，共计有8000公顷。具体地说，包括噪声区域、搬迁区域，以及燃料管道的建设、高速公路的建设、货物仓库基地建设、宾馆建设、居民新居住区建设等方面的用地。所以它所涉及的是非常广泛的开发事业范围内的综合问题。

因此，我们与机场用地范围内外的农民及相关人士一起为之展开了持续25年的斗争。

众所周知，除了这8户农家以外，还有数十位居民也是依靠该用地为生的。他们拥有用地内的相关权益。机场问题缩小为"8户农家问题"的背后，暴露的是运输省及机场公团法人的错误观念，他们误以为机场建设用地只涉及"机场滑行跑道及相关建筑物"。

我们为引以为傲的日本农民而战

我们之所以投身于机场反对斗争，是因为国家对民主权利的破坏激怒了我们，而且政府及运输省完全无视我们"作为农民而存在"的意义。

机场规划用地是由宫内厅所属的御用牧场、县有森林以及战前战后开荒农户的土地构成。当时规划方案设计者中有人提出："机场规划用地形状有些奇怪，它不是四边形，而是凹字形。由于有些农户已经在这里生活了500年以上，安土重迁，他们不愿意卖土地，所以就把这一部分土地排除在外了。"（《文艺春秋》昭和四十六年六月刊）国家有关部门的行政人员对开垦农民怀有一种蔑视心理，觉得"他们会轻易地出卖土地"，我们对这种态度非常生气。

运输省及机场公团法人从来都是以一公顷农地值多少钱或者一反步农地值多少钱的思维模式来衡量我们的农地的价值的吧。在工业生产领域，随着机械化生产的高效率和制造时间的大幅度增加，可能会带来产品产量的飞跃性增长。而在农业生产领域，无论机械怎么高效工作，劳动时间怎么增加，一反步8袋米的产量，怎么都不可能翻倍增长为16袋甚至32袋。因为我们农民阶级的生产活动，其基准受制于作为大自然一分子的土地，而土地的基本属性在于其难以预测性。农民的精神是在与太阳、风、水、动物、植物等一切同大自然相关的事物发生关联的过程中形成的。此外，在相对封闭的村落共同体里，人们在共同进行种植收割，协同举行葬礼仪式、结婚仪式、宗教法会以及各种集会活动的过程中建立了系统性的人际关系和乡土连带感。在这种互动交流合作过程中，农民个体与家族就主动地生存下来或被动地活下来了。

因此我们可以说，当局在完全没有与农户做任何商量的情况下，就把相关农民赶出了他们的家园，使他们离开生养他们的土地，把他们与大自然之间存在着的固有的关系、与村落之间形成的纽带关联突然人为地切断，这绝对是对农民人权的威胁与剥夺！这一断言绝非危言耸听。

面对土地被剥夺、村落被毁坏的危机，大量人口在经济高度发展的热潮中，如同怒涛一般从农村涌入城市。我们体味了所有进城务工的农民兄弟所经历过的苦楚，同时，我们也担心着因人口大幅度减少而造成的农村社会的不稳定。

优先工业生产、注重经济效率的政策，致使当时日本农业从根本上崩溃了。因此，在反对第一次代执行的群众运动中，我们带着被激怒的情绪高喊着"日本农民拒绝土地征用"的口号，高高举起了被涂抹了黑框框的太阳旗。

如今，优先发展工业、生产力至上的社会风气破坏了自然生态系统，给人类和地球的生存带来了威胁。我们人类现在已经误入歧途，需要重新摸索产业社会与自然之间的关系，重新认识农业与土地的重要性。机场问题，所涉及的不是摆在眼前的需求关系，也不是只存续五年十年的阶段性问题，而是要我们全社会都必须认真思考一下：究竟应该如何将一种文明的行为方式贯彻下去。

以德政革新

在岩山大铁塔下居住过的岩山先生，曾经向时任运输政务次官的佐藤文生氏说过这样一番话："蚯蚓都不能生活的土壤是不适合农业的。我们培育那块土壤用了43年，已经有两代人生活在这儿了。如果政府知道这期间的心酸与劳苦，还会让我们搬出吗！"

现在住在芝山町菱田地区的龙崎计三氏也曾这样说过："一块块小小的田地，那里涌出水来，说明该土地是凉性的，或者说那里适合培育堆肥。每块地特性都不同。耕种的时候，要在凉性土地上多种些种苗，这是需要经过几番思量才能够播种上的。闭上眼睛，我们都可以勾画出苗圃的样子。可是，机场公团方面居然说要把这里作为置换地，他们真是一点儿也不了解农民的生活。"

农民与土地的关系，不是用面积和价格可以衡量的。二者之间是同呼吸、共命运的纽带关系，前者无论如何也离不开自己曾经辛苦耕耘的土地。可能你无意间经过的一小块田地都汇聚着我们农民的心血汗水。田地上生长的农作物，在我们看来都是有生命的。因此，日本自古就有"土地是百姓的，土地凝结着百姓的灵魂"这一说法。中世就有这种说法："每一块土地上都渗透着开垦者的血汗。他们死后，灵魂就留在这里。开垦者才是土地的所有者，即使他们搬离了这里，他们的灵魂仍然还是这里的主人。"（参照《一揆》《朝日百科·日本的历史》，胜俣镇夫著；《德政令》，笠松宏至著）

龙崎计三先生有一块土地，据说其名义所有人存有异议，当有人提出质疑之际，他这样回复道："这块田地是属于我之前的上家的。因为甲借钱给乙，乙便把土地作为抵押交给了甲，因此现在这块地就归甲所有了。但是甲不能把这块土地卖给别人。为什么呢？因为村里的人都知道，这块土地原本归乙所有，说不定哪一天，等乙有钱了，就会把地赎回去的。这就是以前的乡规里约。"

"土地中凝结着原本所有者的灵魂"这一说法，在村子里至今仍然被传承着。在中世纪的人们看来，土地也许会因为一些原因转移到别人手中，但那都是暂时的，最后都会回归到原本的农民手中。

相信大家都知道德政起义、德政令。"德政"的本质不是单纯地将债务一笔勾销，而是要还原事物本来的正确的样子，把土地归还到原本的所有者——百姓手中，这才是其本质意义所在。

随着将军或者天皇的更替换代，或者发生天灾人祸，农民们就会汇集起来高呼"德政"，发起夺回土地的农民运动。此时此际，身为当政者的公家、幕府便会被迫出台德政令。但是，统治者自愿推行的"德政"，从数量上来看，就仿如茫茫大海中散见的小岛屿一样，其数量少之又少。农民夺回原本属于自己的土地，这种行为被称作"发地"——把土地归还给它原本的主人，唤醒土地的灵魂，这意味着使土地"复活、再生、革新"。在"德政"精神的感召下，土地才能够源源不断地提供大米、蔬菜等我们日常生活所必需的食粮，可见，只有这样，土地也才能算得上是"活着"的。

但是，政府及公团法人在推进机场建设之际，却完全没有和三里塚农民们做过商量，也完全没有考虑到我们所生活的农村世界。他们那种强行用金钱衡量土地价值的政治理念，与连绵不绝的丰富的土地思想文化相背离，显得十分低俗粗浅。可以说，政府及运输省把农民与土地的关系定位在了"私有"层面，而没有考虑到土地的"公有性"。

现在正在使用的机场，以及二期工程用地的规划，都是在农民不知情的情况下强行做出决定并付诸实施的。那么其所涉土地名义上的所有权应该归谁呢？按照传统的思维习惯，应该归"日本农民"所有,运输省只是"借用"而已。而运输省却无视农民的"公有性",直接把土地"私有"了,所造成的结果就是机场如今被里三层外三层的铁丝网包围着,被以武力抗拒着与周边农村世界的交流,仿佛是隔绝于世界的一个孤零零的小岛。

在我们看来,现在作为机场用地被圈定的这块土地,显得死气沉沉,仿佛已经没有了生命。

为了重新唤起这块土地的生命,我们要基于"发地"的精神理念,高声呐喊"德政",坚持主张"以德政革新"。

1991年11月21日

在听了石毛先生的陈情之后,奥田运输大臣陈述了国家方面的意见:"听到石毛先生的一番话后,我内心被深深触动,感受到了坚决保护农地、誓与土地共生的农民们的心声。"

终于,对于成田机场问题的解决,向符合社会正义的道路上迈进了一步。

(1991年11月22日)

尾声

在第一次公开研讨会上,反对者同盟发表了以"以德政革新"为题的意见书。它明确阐述了自25年前内阁会议决定将机场选址定于三里塚之日开始爆发、一直持续至今的成田斗争的整个历程。通篇陈述实事求是、格调高迈、真挚感人。毋庸讳言,听完石毛先生的讲话,相信很多人对成田机场问题的本质有了新的认识。

我之前曾反复强调过,在成田机场问题上,所谓"符合社会正义"的解决办法究竟是什么?石毛先生的发言对解决该问题提供了许多有益的启示。

石毛先生就这25年间农民兄弟坚持不懈、持续奋力斗争的内里作了系统陈述,娓娓道来之处,令人不胜唏嘘。用一句话来形容的话,那就是,他们对体制方始终怀着可称为"昭和起义"的强烈的愤怒与深深的憎恨。而同时给我留下印象的是,运输大臣奥田先生恰当地回应了石毛先生的发言,面对反对者同盟的愤怒情绪,他用震撼人心的语言,再次表达了歉意。

对于反对者同盟的要求,国家及公团法人也表现出了他们的诚意,公布了运输大臣声明,郑重宣布"关于二期工程问题,无论在任何情况下,都坚决不采取强制性手段",表明了和平解决成田机场问题的态度。在这种背景下,运输大臣奥田先生的发言可以说是代表了政府的立场。

但是,仅仅只凭奥田大臣的发言还不足以平复农民兄弟愤怒的情绪。政府必须采取实际行动。那么,政府当局究竟采取什么样的措施才能平复农民阶级的愤怒呢?这就是本次公开研讨会召开的一个重要目的。对此,我现在还不敢随意下定论。但是根据石毛先生的发言,可以推断,撤销当局针对反对派民众的司法诉讼这一点是必需的。5月28日的运输大臣声明承诺,无论在何种情况下,都不采取强制性手段。不过,之前我已详细陈述过,该声明在某种意义上来说,只不过是追认采取强制性手段解决用地问题,从政治、法律以及伦理观念的角度而言是行不通的而已。我们不仅要正确理解反对者同盟的农民兄弟们之所以浴血奋战了25年,为的就是追求他们的人格独立和灵魂自由。所以,为了平复他们的愤怒,仅仅只有运输大臣声明是不够的,还需要政府采取撤回司法诉讼等具体措施,实现反对者同盟农民群体与政府间的平等协商。

如果政府撤回了司法诉讼,那么反对者同盟的愤怒就会平息,成田机场问题就会迎刃而解。如今反对者同盟与政府开始了协商会谈,那么协商的重点就在于要明确成田机场所产生的社会成本的具体内容。

关于机场的社会成本,我在第一章中已经详细论述过了。航空事业的特点是,其社会成本只局限在机场周边。机场的建设、运营会给周边区域带来经济、就业等方面的正面效应,这一点是不可否认的。但是,与机场周边区域的社会成本相比,外围区域的社会成本几乎可以忽略不计,这种状况在成田机场问题上体现得更为明显。

起初，运输省对机场的选址、规模进行规划之际，就应该尽量避免社会成本的产生，然而运输省完全没有考虑到这一点，于是就造成了"揿错了按钮"的尴尬局面。一个存在着严重缺陷的机场就这样草率地通航了，而且还承载着世界上最大规模的机场流量。其后，二期工程又极速进展，该如何才能把机场的社会成本内部化呢？

关于这个问题，首先要考虑到，一个有着严重缺陷的机场的草率通航所产生的社会成本是不同寻常的。一般来说，机场会给当地社会带来极大的不良影响。成田机场在建设工程推进过程中所产生的种种问题，至今都残留着严重的后果。尤其是，位于该机场4000米滑行跑道尽头的岩山地区的荒废景象是惨不忍睹的。曾经美丽富饶的农地，现在只有翻斗车等机动车可以来往行驶，情形如同地狱一般。飞机络绎不绝地从上空掠过，震耳欲聋的噪声让人无法忍受。人们时刻担心着，有没有什么巨大的东西从天而降，或者飞机本身会不会坠落。还有警察机动部队时刻在监视看管着自己的行踪，就连最基本的人权都被剥夺了。

岩山区域的悲惨状况，还波及芝山、多古、松尾、横芝、大荣等邻近村町的大片区域。虽然各地的荒废程度有所不同，但这种物理上的荒废，也加深了区域社会文化道德方面的失范与沦丧。机场所造成的乱象本身，从文化角度而言，也反映出航空运输这种交通形态，无魅力可言。加之，周边地区又因为不良商人乘机进行土地的投机买卖，建造一些诸如高尔夫球场之类的极其低俗的设施，造成了文化精神上的严重衰退。如前所述，这反映出日本农业的全面危机。而该危机的进一步加深，就导致成田机场周边区域出现令人担忧的现状。

接着必须认真思考的是，二期工程建设及完工所产生的社会成本问题。二期工程的社会成本要远远超出一期工程的社会成本，而一期工程的社会成本的产生已经伴随着当局对市民基本权利的粗暴侵犯，对此，事后要想办法弥补。终止该机场的使用，从理论上讲，也是可以选择的。但是，终止机场的使用，毫无疑问又会造成更大的社会成本。二期工程的社会成本绝对不能像一期工程那样进行事后弥补。反对者同盟与政府之间的协商会谈，主要目的也就是要明确二期工程的社会成本。为了使该费用内部化，政府及公团法人必须考虑工程的规模应该控制在什么样的程度比较合适。因此，成田机场整体的设计必须大幅度瘦身、修正。政府的应对策略不仅仅是针对如何去寻求符合社会正义的解决途径解决成田机场问题，同时，还要兼顾如何重新在国民中树立起政府及运输省的公信力，消除民众对政府及其相关机构的不信任感的问题。公开研讨会是一个契机，我们期待着"以德政革新"取得成功。

成田年表

1962 年

11 月　池田内阁通过决议，决定建设第二国际机场（新东京国际机场）。

1963 年

6 月　池田首相命令建设大臣河野一郎选定新东京国际机场候地。

8 月　运输大臣绫部向航空审议会咨询新东京国际机场的候选地和规模。

12 月　航空审议会组织答辩。富里、霞之浦被选定为候选地。运输大臣河野反对。

1965 年

3 月　相关阁僚恳谈会上决定，在富里、霞之浦方案基础之上，将东京湾填海造地作为讨论议题。

11 月　钻探调查结果显示，霞之浦不适合建造机场。阁议（佐藤内阁）决定，内定富里。发生反对运动，当地町村议会做出反对决议。

1966年

2月8日，富里八街新机场反对者同盟多达1500人的游行队伍冲入千叶县厅。

3月　相关阁僚协议会启动。推进富里方案。

23日，富里八街反对者同盟举行2500人的集会。

5月13日，自民党副总裁川岛建议运输省撤回富里提案，扩建羽田机场，把它与木更津连成片，以建设新机场。

6月2日，自民党的机场问题协议会拟推动机场向木更津海域扩建。

7日，运输大臣中村强调富里提案。

17日，运输大臣中村向自民党副总裁川岛说明了木更津提案在航空管制上的困难。

川岛副总裁向千叶县知事友纳提出了三里塚方案。

22日，佐藤首相向友纳知事提示了下总御用牧场提案。知事提出4项要求，7月2日得到肯定批复。

28日，佐藤首相向天皇上奏，希望将下总御用牧场迁移到栃木县，得到了天皇的许可。同日，成田、芝山的3000名农民在远山中学召开"反对新国际机场誓师大会"。

29日，在千叶县议会会议上，友纳知事呼吁，政府在制定补偿对策问题上，应对当地居民充分表现出诚意，并明确表达了"在三里塚建设新机场，须以此为前提条件"的基本方针。同时公布了新机场的规模。机场用地以国有地、县有地为主，计1060公顷。设计两条长度分别为4000米和2500米的滑行跑道。

30日，芝山町农协主办"粉碎三里塚机场建设，农协总会全体会员大会"，1500名代表与会。成田、八街、富里及三里塚的农民代表也参加了会议。

7月2日，芝山町机场反对者同盟、成田市农协会员集中到县厅抗议。

4日，内阁会议决定，新东京国际机场选址落户三里塚。

10日，4000人聚集于三里塚公园，由三里塚机场反对者同盟、芝山町机场反对者同盟主办的"粉碎内阁会议新机场决议誓师大会"在此召开。

20日，芝山町议会在反对者同盟的监督下，通过了"强烈反对建设成田机场的决议"。

28日，千叶县农业开发公社，与富里村赞成机场建设的地主，进行了第一次土地买卖交易。

30日，新东京国际机场公团法人启动开业。总裁为成田努氏，副总裁为今井荣文氏。

8月2日，成田市议会撤回反对机场建设的决议。

29日，反对者同盟在天神峰举行共有登记，以推动"买一坪运动"的开展。芝山、多古两地计有77名反对者同盟成员登记成为共同所有人。

31日，反对者同盟800人，向运输省和宫内厅陈情，要求其撤回内阁会议决定。

9月3日，三里塚反对机场建设青年同盟要求面会知事，遭到当局下令驳回。

8日，条件赞成派131位农民组成"成田机场对策部落协议会"。

12日，公团法人正式决定，机场建设用地征购价格为，旱地每10公亩约60万至110万日元。

19日，"成田国际机场条件斗争联盟"成立。

30日，公团法人面向赞成派召开第一次说明会。

10月2日，以三里塚、芝山的农民为中心，反对者同盟组织召开4000人规模的大会。会议名称为"撤回三里塚新国际机场、打击公团法人全体大会"。会上，发表了大会宣言："我们不向一切困难和非法镇压屈服，一直斗争下去，直到政府、县、公团法人放弃机场建设为止"。

11月16日，佐仓简易裁判所对"买一坪运动"做出合法裁定，该裁定认可伴随群体共有登记的即决和解手续，这是一个以斗争为条件的例外对策。

29日，买一坪用地启动打桩作业。1000人到场见证，社会党委员长佐佐木也亲自出席。

12月12日，运输大臣大桥氏就机场建设基本规划，向公团法人作指示。机场用地按既定规划安排：占地面积1060公顷，滑行跑道3条，长度分别为4000米、3200米及2500米。24小时全天候运营。预计于昭和四十五年年末之前完成以4000米滑行跑道为中心的基础设施建设。全部工程完成时间预计为昭和四十九年年末。

17日，芝山町议会撤回反对新机场建设的决议。500名反对者同盟人士旁听，并表达异议，当局出动机动部队予以驱离。

1967年

1月10日，新机场工程实施计划认可公开听证会召开。400名反对者同盟人士拟入场，被阻止。

2月15日，御用牧场启动测量作业，遭到500名反对者同盟成员阻止。

26日，驹井野团结小屋开营。

3月5日，县民统一集会，4000人参加。

29日，第一批次土地买卖成交，买方向富里村82位卖主支付征地款项。

4月22日，反对者同盟提起诉讼，要求撤销新机场工程实施计划认定处置。

27日，"木之根"团结小屋上梁仪式举行。

6月26日，运输大臣大桥访问成田，反对者同盟试图阻止。

8月16日，反对者同盟户村委员长与"三派系全学连"代表会谈。

27日，反对者同盟为阻止强制测量组织行动队。

9月1日，运输大臣大桥宣布，外围测量延期。

3日，举行现场阻止强制测量大集会。2000人参加。

15日，民众举行"粉碎三里塚机场"集会。"明治行动队"50人参加。

25日，老人行动队成立。以菅泽一利氏任队长，队员皆为60岁以上的老人，计130人。

30日，多古町成立反对者同盟。

10月2日，公团总裁成田努向运输大臣大桥提出辞呈，今井副总裁升任总裁。

10日，外围强制测量实力阻止斗争被引爆。反对者同盟1500人参与。派出机动部队警察2000人。打下三根桩。其中，有两根于12日被拔除。

23日，公团法人与条件赞成派二派别开始谈判。

11月3日，粉碎机场全体誓师大会召开。对日共进行严厉批判。"三派系全学连"首次参加。

13日，外围测量完毕。

12月3日，反对者同盟理事会，提议将"反日共系全学连"从"木之根"·古込部落驱逐出去。

15日，反对者同盟扩大实行委员会决定排除日共。

1968年

2月26日，反对者同盟与"反日共系全学连"共同举办反对机场建设誓师大会。3500人参加。集会后，与多达1700人的机动部队发生冲突。户村委员长受重伤。

3月10日，反对者同盟与"反日共系全学连"共同举办反对机场建设誓师大会。8000人参加。与4700人的机动警察部队发生冲突。多人受轻伤或重伤。

20日，社会党千叶县本部召开集会。5500人与会。

31日，反对者同盟举行集会，遭到5000名机动部队警察阻止。

4月6日，运输大臣中曾根与县知事友纳，就机场建设用地收购基准价格，签署备忘录。

15日，公团法人正式开始向地权者及部落协会开展土地买卖谈判。

22日，机动部队300名警察，突袭芝山町5户农民住宅，逮捕了有关人员。此后，抗议活动持续进行，直至被逮捕者获释。

5月7日，在由机动部队2000警察保护的情况下，强行执行钻探作业，遭到反对者同盟阻止。

12日，实施第二次钻探作业，机动部队再次实施暴行。

27日，机动队袭击天神峰、驹井野。

6月连日，机动队、公团与反对者同盟发生冲突。反对者同盟多人受伤、被逮捕。

7月连日，机动队公团与反对者同盟发生冲突。

8月7日，公布成田机场基本规划方案，比预计晚4个月。方案仅限一期工程的4000米滑行跑道，并非整体工程。

10月20日，"老人决死队"结成。93人参加。

11月24日，"粉碎三里塚机场、实力阻止钻探调查全国誓师大会"召开，8000人参加集会。

12月19日，阻止钻探作业的两名青年行动队队员在巡逻时被非法逮捕。抗议活动连日进行，27日被逮捕者获释。

1969年

2月5日，地权者协会73名成员，以补偿金为资本，出资成立资本金为6000万日元的成田机场警备有限公司。部落协议会也兴建了购物中心。

4月19日，众议院内阁委员会举行答辩会议，会上，运输省航空局局长手塚指出，无法拒绝美军使用新机场。

7月12日，佐藤首相宣称希望极力限制三里塚机场用于战争目的或作为军事基地。

16日，下总御用牧场开始迁移。

27日，机场公团宣布，已取得一期工程90%的用地。

28日，公团总裁今井宣布，一期工程从10月开始着手基础设施建设，1971年4月投入使用。

8月17日，御用牧场闭场式举行。反对者同盟成员突然冲入。

9月8日，在机动部队严密把守之下，御用牧场开始实施伐木作业。同日，受闭场式粉碎斗争牵连，7名青年行动队队员及1名反对者同盟人员被逮捕。

10月16日，在机动部队严密把守下，钻探作业开始进行。直到11月，连日发生阻止钻探的行动。

12月16日，建设省发出布告，对基于《土地征收使用法》所提出的事业认定申请予以认定。

1970年

1月　反对者同盟为防止强制进场测量，开始构建路障等。

15日，反对者同盟、全共斗、反战同盟等团体，共同举办"粉碎三里塚机场当地共斗集会"，7000人参加。

2月19日至20日，强制进场测量开始实施。反对者同盟1500人、支援者团体1000人成功予以阻止。

4月30日，成田统一审判第一次公开审判。

5月14日，第二次强制进场测量斗争爆发。阻止打桩作业。少年行动队活跃。直至6月，修建地下战壕。

6月12日，县征用委员会第一次审理。

7月　由于基础建设工程的开展，公团与反对者同盟之间，连日发生纠纷。

9月1日，征用委员会进行第二次公开审查，尚未宣布开幕便结束。

2日，第二次公开审查。会长仅宣布完开会，会议就被迫休会。公团方面与反对者同盟之间，连日发生冲突。

30日至10月2日，强制进场测量（三日战争）开始。

10月22日，征用委员会召开第四次会议。

24日，征用委员会第五次会议召开。前述每次会议都没有进入实质性的审查。

11月4日，机场公团依据特别措施法向建设大臣提出特定公共事业认定申请。

16日，木之根地区强制测量被阻止。

30日，机场公团申请第五次征用判决。

12月15日，提出第六次申请。

28日，通过特定公共事业认定。

1971年

1月2日，反对者同盟副委员长小川明治氏提出地下壕作战方案。

1月至2月，为了抵抗强制代执行，反对者同盟连日做准备工作。

2月15日，友纳县知事宣布，代执行将于2月22日开始实施，为期三周。

公团、机动部队与反对者同盟之间连日发生冲突。

22日，代执行开始实施。

25日，机动部队3000人袭击学生、工人团体。逮捕141人，许多人受伤。

27日，代执行暂时中止。

3月2日，代执行再度实施。反对者同盟已故副委员长小川明治氏七七（49日）法事举行。

5日至8日，代执行继续进行，有人待在上面的树木也被砍倒。

9日，公团与同盟之间签署协议书。

21日，反对者同盟发表声明："一切斡旋方案都将予以拒绝。"

25日，公团当局使用大型铲车，铲除三个地下壕。

9月16日至20日，实施第二次代执行。当局动用机动部队警察5300名。反对者同盟方面加上志愿者一共5000人在现场阻止。警方共逮捕475人，受伤人员超过150人。3名机动队警察死亡。最为悲惨的是小泉米婆婆的土地、房屋被强行征收使用。

10月1日，反对者同盟三宫文男先生自杀，以此表示抗议。

1973年

4月30日，4000米长A滑行跑道修建完成。

1977年

5月6日，撤去岩山大铁塔。

8日，机动部队与反对者同盟发生冲突。东山薰先生死亡。

1978年

2月6日至7日，强行撤除横堀要塞。

3月26日，占领、破坏机场管制塔。通航延迟。

5月13日，《新东京国际机场安全确保紧急措施法》（所谓"成田新法"）开始实施。

20日，实现部分通航。

1983年

3月8日，反对者同盟分裂成两派，热田派与北原派。后来，小川派从北原派中分裂出来。结果,形成了三派势力。

1986年

11月26日,二期工程动工。

1987年

11月27日,撤除木之根团结寨。第一次援用"成田新法"。

1988年

9月21日,县征用委员会小川会长受重伤。之后委员会全员辞职。

千叶县知事表示,无意任命征用委员会委员。

12月4日至7日,依据"成田新法"撤除东峰团结会馆。

1989年

12月19日,政府发表声明,希望协商解决用地问题。

1990年

1月16日至17日,依据"成田新法"封锁天神峰当地斗争本部。

30日,运输大臣江藤在当地会见了反对者同盟热田派的农民。

3月19日至21日,依据"成田新法"撤除木之根育苗大棚。

8月22日至23日,依据"成田新法"撤除三里塚斗争会馆。

10月15日至16日,撤除大清水团结小屋。

1991年

2月14日,地域振兴联络协议会呼吁召开"公开研讨会"。

4月10日，国家决定参加"公开研讨会"。

5月28日，运输大臣村冈发表大臣声明："在任何情况下，都不采取强制性手段。"

6月17日，反对者同盟决定参加"公开研讨会"。

　　　18日，隅谷调查团启动。

9月3日，研讨会运营委员会，决定于11月13日召开第一次公开研讨会。

11月5日，运输大臣奥田在就职之际的记者招待会上暗示，不排除采取强制性手段的可能性。

　　　7日，反对者同盟对运输大臣奥田的发言表示抗议，表明不参加13日的公开研讨会。

　　　15日，奥田大臣在内阁会议上再次确认了和平解决问题的方针，得到谅解。运营委员会将于21日召开第一次公开研讨会。

　　　21日，召开第一次公开研讨会。这是25年的成田斗争史上的第一次尝试。石毛博道先生代表反对者同盟所做的发言，感人至深，引起极大反响。

12月3日，召开第二次公开研讨会。

1992年

1月17日，召开第三次公开研讨会。反对者同盟提出诸多尖锐的问题，对当局的现行政策展开严厉批判。

译后记

20世纪60年代初,日本政府决定建造成田国际机场,引发了当地民众,尤其是农民阶层的激烈反抗。他们自觉组织起来,掀起了一系列反对斗争,而且斗争的火焰一直燃烧至今日。2016年7月3日,成田机场建设反对者同盟及相关社会团体刚刚召开了一场以"一直斗争到底"为主题的纪念三里塚斗争50周年的盛大集会。至此,长达半个多世纪的三里塚斗争史迎来了重大的时间节点。这场社会运动爆发于1966年,起爆点是日本千叶县成田市郊外农村区域三里塚及其附近。它是以反对成田国际机场建设为目的的系列性反体制斗争,史上也被称为成田斗争。引发这场斗争的社会根源就是成田机场问题。成田机场是日本最大的国际机场,在机场建设过程中,发生了一系列深刻的社会问题,其中以三里塚斗争最为严峻。

1. 事件概述

成田国际机场通航于1978年。机场的建设方案早在1962年就已经确定,但是机场的建设诱发了一连串机场用地内外农民土地的补偿问题、噪声区域居民的激烈反对运动等，成田机场的建设也由此变成了一个社会问题。反对派的居民与新左翼势力联合起来，以"革命"为目的，掀起了波澜壮阔的社会运动。其间爆发了一系列警民冲突、各种恐怖事件，甚至在反对派内部也围绕领导权问题发生了派别斗争，等等。当地农民针对成田机场建设所开展的一系列反对斗争，虽然没能阻止成田机场的施工，但也在很大程度上影响了政府按原计划修建机场。

2. 历史经过

商讨羽田机场的扩大问题

进入20世纪60年代，伴随着经济快速发展和对客运需求的增加，国际航空运输的重要性日益凸显，承担着日本当时主要国际航班重任的东京羽田机场也不得不面对不断扩大的需求所造成的压力。然而羽田机场的增容却是困难重重的。政府几乎不可能从宏观上调整东京湾的港湾建设规划，而且当时技术层面的调控能力也达不到如此高度；更为棘手的是，空中交通系统的改变还有可能与美国空军管制区域相重叠，所以扩建会受到政治、外交、军事、安全等因素的严重制约。更何况就算强行实现了增容，流量也最多扩大20%—30%，仍然无法满足航空运输需求。

商讨新机场选址地

因此，1962年就开始了新东京国际机场选址地的调查，经过一系列的商讨和调整，最后在 1966 年 7 月 4 日，佐藤荣作内阁宣布，机场建设用地最终落户千叶县成田市三里塚。这块土地包括曾是国有土地的下总御用牧场和部分千叶县县有土地，以及周边开垦农户所有的私人土地。之所以选择此处，是因为政府当时认为这块土地征收起来会相对容易一些。而事实上这是一个误判。

政府强权政策下的机场建设和反对运动的开始

御用牧场面积占机场计划用地的不到 40%，其余大部分还是当地农民生活居住地和农用地。然而政府没有做好思想上和经济上的准备，在事先没有和当地农民商量，也没有考虑好如何进行金钱方面的补偿和开展土地置换的情况下，单方面地宣布了选址决定。因此，引发了以农民为中心的激烈的反对运动。

当地农民在逐渐失去赖以生存的土地，被迫忍受机场建设噪声等各种问题的过程中，逐渐强化了抗争意识。最终于 1966 年 7 月 20 日结成了"三里塚芝山联合机场反对者同盟"，三里塚斗争自此正式拉开序幕。

初期的三里塚斗争

为了对抗当局带有强制性的土地征收行为，身为当事者的农民们想出了一个对策，他们互相购买别人一坪土地，使得土地拥有权状况变得犬牙交错，这样一来，每一坪土地都能够成为进行交易谈判的筹码，又可以形成微妙的合力牵制政府，史称"买一坪运动"。自不必说，这给机场用地的征收谈判带来了巨大的困难。

三里塚芝山地区的农民大多是"二战"后从海外撤回的归国侨民。后来，他们在这块土地上以农民的身份重新开始了新生活，没想到在他们生活好不容易刚刚步入正轨的时候，又遭遇了机场建设带来的冲击。反对者同盟最初由1500户农民组成，其中有少年行动队、青年行动队、妇女行动队、老年行动队等。

从一开始，反对运动就得到了来自日本社会党、日本共产党等革新政党的支援。后来反对派针对政府完全无视自己立场的强权态度，贯彻"以力对抗力"的方针，吸引了一些革新政党的加入。不过，有些政党参与运动的动机并不单纯，企图利用反对运动扩大自己的政治势力，结果招致农民群体的极度不信任。面对如此混乱的局面，农民群体认识到，与其一一甄别援助者的初衷，不如乘势扩大影响与声势，于是采取了接受一切支援团体加入的策略。即无论何种党派，都可以加盟。故此，新左翼党派也加入了反对运动。

新左翼党派的支援

新左翼各党派在政治立场上，原本就与日本政府严重对立。加盟反对运动后，他们以"劳农连带""打击国家治安前线三里塚地区的警察机动部队""新机场的实质就是在日本建造一个新的军事基地""全国居民运动巅峰决战"等口号为行动纲领，大力支持、援助反对派农民群体的行动。当地广大居民尽管对各政党并不信任，但是，出于与农民群体一样的思考，也采取了无条件接受一切团体或党派加盟的做法。为此，他们也接纳了新左翼党派的加入。

斗争的激化、机场的通航

　　由于机场用地征收作业迟迟难以推进，政府决定启动所谓的法律程序，依据《土地征收使用法》强制推进机场建设进程。换言之，面对广大民众的反对，当局采取了一贯的强制态度，于1971年先后进行了2次强制代执行。2月22日，第一次代执行引发机动警察部队与农民之间激烈的直接冲突。9月的第二次代执行过程中，更是酿成了惨剧，3名警察死亡，许多民众受伤，史称"东峰十字路事件"。当然，政府最终占据了优势，如愿以偿地取得了一期工程建设用地。但是，反对派各团体并没有就此罢休。1972年3月15日，为了阻止当局强行通航，反对者同盟在A滑行跑道的南端岩山地区搭建了一座63米高的铁塔，因此，政府原本预定在1972年通航的计划也未能实施。然而，政府当局并不让步。1977年1月11日，福田内阁宣布当年通航，为此，政府出动机动警察部队强行拆除大铁塔；与此同时，于同年1月19日启动了配套道路建设工程。

　　针对政府的高压态势，反对派团体空前团结。4月17日，在三里塚第一公园里，汇集了23000名反对派人士，他们群情激昂地召开了"保护铁塔全国大会"。同年5月2日，对抗态势进一步升级，机场公团法人依据《航空法》第49条，向千叶县地方法院提出诉讼，要求反对派拆除铁塔。5月4日，该法院受理前述诉讼请求，裁决反对派应接受拆除铁塔的事实。5月6日下午3时左右，2100名警察机动部队警员进驻铁塔周边区域。在北原矿治事务局局长宣读判决书内容后，众警员一哄而上拆除了铁塔。5月8日，为了抗议铁塔被强行拆除，反对派组织了大规模抗议活动。抗议群众与警察机动部队之间发生了大规模冲突，反对派牺牲了一名支援者，许多人受伤，史称"东山事件"。5月9日，芝山町町长住宅前面的临时派出所遭到反对派的袭击，一名警察殉职身亡，史称"芝山町长宅前临时派出所袭击事件"。

后来，机场建设进程被迫做出了调整，滑行跑道由最初计划的3条变为1条，机场通航时间也变更为1978年4月。但是在机场通航前的3月26日，第四国际航站楼又遭到由无产阶级青年同盟和战旗共产主义同盟组成的行动队的突然袭击。他们占据了管制塔，破坏了各种重要设备，史称"成田机场管制塔占据事件"。为此，预定同年4月通航的计划又不得不延迟。可见，由于政府应对与处置不当，不仅导致自身威信严重下降，还引发了一系列暴力冲突事件，酿成诸多悲剧。

背离国民感情

1978年5月，又爆发了京城铁塔恐怖事件。这些事件的性质已经超出了机场反对运动的范畴，危害到了该地域社会的政治根基。为此，反对派招致了机场周边以及京成沿线居民的反感。不仅如此，正在这个节骨眼上，新左翼党派势力开始衰退，这更加深了民众对反对派的不信任感。再加之后来发生的管制塔占据事件过于渲染暴力，致使普通民众误解了反对派的行为，以致几乎把反对派与新左翼党派视为一类，认为他们的举动是"具有异样思想的少部分反社会人群的恐怖行为"。还有，面对掌握强大国家机器的当局，反对派势力显得势单力薄。政府及公团法人态度强硬，为了压制反对派，可以随时出动警察部队，三步一哨、五步一岗，到处森严壁垒。尤其是强行推进通航的行为甚为决绝，手段之严厉，打击之残酷，堪称史无前例。相形之下，反对派的抗争几近以卵击石。为此多数民众感到反对派的反体制行为毫无胜算。同时，由于资本主义大工业的迅猛发展，农村区域出现大面积人口稀疏化现象，农业及相关产业都在急速退化，国民的价值取向发生了重大偏移。在这种情形下，探索与机场共存共生的观念慢慢占据主流。于是乎，信奉以暴制暴、誓不妥协的反对派就慢慢被孤立了。

"一坪再共有化运动"的内部纷争

进入20世纪80年代，反对运动继续向纵深推进，反对派也积累了一定的实力，他们有效地阻止着二期工程的实施。不过，其间反对者同盟也发生了纵横捭阖的势力聚合及分化。1983年3月8日，围绕着"一坪再共有化运动"是否继续推进的问题，同盟内部政治见解严重不和，最终同盟出现分裂，衍生出中核派、北原派、第四国际派、热田派。其中，反对把"一坪再共有化运动"变为"土地转让"和"赚钱运动"的中核派支持北原派；而推崇"再共有化"的第四国际派则力挺热田派。

3月8日，热田派在芝山町千代公民馆召开了大会，160位反对派农民出席，就解除"中核派色彩强烈"的北原矿治事务局局长职务一事进行投票。与会成员一共有194户人家，其中145户赞成，25户反对，24户持保留意见。根据民意，北原矿治事务局局长被解职。之后，北原派在成田市天神峰召开实行委员会，58名反对派农民参加，极力主张推行"一坪再共有化运动"的青年行动队骨干成员石井新二，被大会从反对者同盟中除名，此外，还有22名反对者同盟的人员也被解职。

中核派之所以反对"一坪再共有化运动",是因为"一坪再共有化运动"中所定义的"机场用地内农民",虽然以北原派为中心,但是也有其他成分裹挟在内。例如,还有一些像石井武等属于热田派的用地内农民的存在。而"一坪再共有化运动"原本是以热田派的机场用地外噪声区域农业居民为中心而酝酿出来的,未曾虑及北原派也有同样的农业居民存在。中核派在1981年1月,袭击了第四国际派成员的住宅,造成一人头颅受重伤;同年7月又发生一次袭击事件,一名反对派成员失去一条腿。中核派成员动辄便对热田派农民和第四国际派成员发出恫吓:"下一个就轮到你了。"局势之乱,令人心神不宁。

北原派原本以机场用地内农民为中心组成,组织比较松散。在频频遭到中核派袭击与威胁的状况下,出现了分崩离析的局面。1987年9月,其大部分成员脱离该派别,并重新组成了小川派。而一向态度激进的北原派、中核派便把热田派、小川派视为逃脱派摆在对立面上,不断批判与攻击。

到了1998年,中核派对"一坪再共有化运动"的态度发生了180度大转变,但是,他们迄今没有对曾经采取的迫害与恐吓行为向受害者道歉。

对征收委员会的恐吓

新左翼党派的恐吓行径逐渐变质,他们甚至开始攻击普通民众。1985年10月20日,在千叶县成田市三里塚十字路口,新左翼党派与警视厅警察机动部队发生了冲突,史称"10·20成田当地斗争"。

1988年9月21日，在千叶市市区道路上，时任千叶县土地征收使用委员会会长的小川彰遭到数名反对派成员袭击。他全身上下被人以铁管殴打，造成双腿和左手腕骨折，从此心灵上留下被恐怖袭击的后遗症，抑郁之中于2003年2月投水自杀。在这场恐怖袭击事件的过程中，中核派不断向土地征收使用委员会委员发出要挟信、打恐吓电话，导致土地征收使用委员会所有人员被迫辞职。直到2004年，千叶县土地征收使用委员会才重新组织起来，在这16年间，一切与土地征收相关的工作都被迫停止了。

圆桌会议、政府道歉

日本政府就是在这种形势下强行下令新东京国际机场通航的。但是，由于政府与民众间的对抗愈演愈烈，以至于势同水火，所以随之而来的具体工作的推进十分困难。无论是机场用地的取得，还是二期工程的实施，都陷入了走投无路的地步。

从1991年11月开始，在东京大学名誉教授隅谷喜三男和其他4位学识经验丰富的有识之士参与并主导之下，当局与反对者同盟及相关各方共同召开了15次有关成田机场问题的公开研讨会。之后自1993年9月始，又召开了12次有关成田机场问题的圆桌会议，通过多次会议的磋商，各方达成基本共识，相约今后要以民主的方式方法协商解决新东京国际机场这一现实的政治问题。

后来，系列圆桌会议的精神得到了赞同。最终，在1995年，时任内阁总理大臣的村山富市代表日本政府，就日本政府此前的种种强权行径进行了道歉。其道歉得到了当地居民一定程度的认可与回应。之后，一部分农民地主同意配合政府推进二期工程土地征收计划,并以实际行动实施集体迁移。

如今的反对运动

如前所述,由于新左翼党派推动的各种恐怖行为、恶性事件的频繁发生,成田机场的正常建设和运营受到严重影响。后来有赖隅谷调查团中立委员会委员们的努力,政府与反对派民众间的对立大幅度缓解,政府甚至为此前的不理性举动正式道歉。在这种风向的带动下,反对派居民渐渐从机场建设用地内迁出,反对运动势头也慢慢变弱。然而,不可忽视的是,近年来仍有个别组织持续进行恐怖活动。例如,2008年,革劳协会突然袭击成田机场用地,甚至有人向用地内投掷了炸弹。

二期工程中的平行滑行跑道(B滑行跑道)于1996年开始建设,2002年开始使用。这条跑道在建设时由于一些反对派农家的土地未能征收,导致跑道呈现出"く"或者"へ"的形状,因此飞机的起飞降落以及移动都受到很大的限制。2002年12月1日,发生了飞机触碰事件。2009年商讨如何将跑道进行改良。

以滑行跑道延长线上噪声区域的东峰部落居民为首的反对派农民强烈主张"废除成田机场",因为他们认为现在的滑行跑道的建设方法和当初政府采取的方法一样,完全没有改变。然而,成田机场周边的大多数机场航空相关人员则希望能够"机场与地域共存共生""以机场的活力带动区域经济的发展",因此反对派就被完全孤立了,而且曾经在反对运动高涨时参加反对运动的反对派农民以及支援组织的人们已经步入老年,这也是反对派不得不面临的问题。

当地又出现新的畏惧

在二期工程实施过程中的 2000 年,有报道说羽田机场要再扩大,重新开通羽田机场国际航班定期起飞业务,还有的报道说羽田机场准备 24 小时运营。几乎在同一时间,政府决定在首都圈建造第三座国际机场"茨城机场",让茨城县航空自卫队的百里飞行场实现军民共用。成田当地的人们担心随着羽田机场的扩大和茨城机场的通航,人们对于成田机场的关注度、重视度会下降,甚至与成田机场建设初期形成 180 度大转变。2014 年 3 月 30 日夏季航班表中,因为羽田国际机场的扩大和航班数量的增加,使用成田机场的"日本航空"减少了 13 个班次,"全日空"减少了 25 个班次。

如果说把成田机场作为东京都基础机场的话,其位置距离东京中心稍微远了一点,而且交通也不是那么便利,再加上羽田机场的国际航班的中转站再次通航,那么成田机场的地位相对地就会下降,同时,成田机场国内航班数也会随之减少。

茨城机场航空公司的宣传标语就是"飞机着陆费仅成田机场的 60%",希望通过廉价航空公司促进机场使用率,从而取得更多的新航线和市场占有率——对于使用者来说,机场内免费停车,往返机场与东京站之间的优惠高速巴士,是很诱人的。因此,一部分人可能就会选择茨城机场。对于成田机场来说,机场进一步的整治远远比对抗斗争重要得多,接下来成田机场的目标是提高便利性、24 小时运营、飞机的起飞降落。

反对运动的影响

　　为了避免成田机场成为第二个德国慕尼黑机场，政府机构及专家集团反反复复就成田机场建设问题进行切磋琢磨，进行严密的分析论证，拿出了切实可行的实施方案，并广泛征求了包括反对派各派别、团体在内的广大民众的意见、建议，达成了广泛的社会共识，在此基础之上，稳妥踏实地推进机场施工及其配套工程，经过不懈努力，成田机场最后终于竣工。值得特书一笔的是，为了避免大规模机场建设带来的噪声问题，日本政府当局选择了难度非常大的施工作业方案——在海面上填海建造机场。即使这样，民间的反抗情绪仍然无法全部平息。例如，在关西国际机场建设过程中，成田机场的反对派团体仍然发起了机场建设学习船的纵火恐怖事件，而且这种官民对立至今还在持续，是历届政府必须认真对待的政治问题。[1]

---

[1] 在整理过程中，参考了如下几个网站：
只有反抗没有强拆，成田机场"钉子户"的50年（[2012-11-30][2016-11-28]）: http://view.163.com/special/reviews/naritaairpotr1130.html
三里塚芝山联合空港反对者同盟主页 [（2016-10）（2016-11-26）]: http://www.sanrizuka-doumei.jp
7.3集会 – 集会发言 [（2016-07-10）（2016-11-25）]: http://www.sanrizuka-doumei.jp/home02/2016/07/post-160710-2.html
成田空港問題ウィキペディア [（2011-06）（2016-11-26）]: https://ja.wikipedia.org/wiki/成田空港問題
三里塚闘争ウィキペディア [（2015-08）（2016-11-26）]: https://ja.wikipedia.org/wiki/三里塚闘争

译者简介

陈多友：文学博士。广东外语外贸大学外国比较文化研究中心研究员，东方语言文化学院教授、院长。兼任教育部高等学校外语教学指导委员会日语专业指导分委员会委员；中国日语教学研究会副会长；中国日语教学研究会华南分会会长；中国东方文学学会副会长；中华日本学会理事；广东省本科高校外语类专业教学指导委员会副主任委员，广东省本科高校外语类专业教学指导委员会亚非语言专业分委员会主任委员；广州外国语协会副会长；广东外语外贸大学东方学研究中心主任；中国日本文学研究会常务理事；《东亚文化研究》杂志主编等职。

近十年来，在国内外公开发表学术论文50多篇，出版专著《研文肆言——文与中日文学研究》《日本游沪派文学研究》，译著《日本近代国语批判》《天皇的玉音放送》及其他各类著述40余部；承担国家社科基金一般项目等各类项目10余项。主持国家级教学改革项目"中日韩亚洲校园"项目及广东省小语种专业人才培养创新模式试验区等项目。

李星：安徽财经大学外国语学院日语系专任教师。

杨晓辉：文学博士。广东外语外贸大学"云山杰出学者"、教授。担任该校中日比较生态文学研究所所长。东方学研究中心副主任。